音楽・造形・言葉・身体 保育表現技術領域別

感性をひらく表現遊び

実習に役立つ活動例と指導案

岡本拡子 編著

北大路書房

本書の特徴と活用法

　2008年に幼稚園教育要領および保育所保育指針が改訂（定）され，それに伴い，2011年度より保育士養成課程の改正も行なわれました。これまで音楽，図画工作，体育など「基礎技能」として位置づけられていた科目は，この改正により「保育表現技術」の区分として，音楽，造形，言葉，身体の4つの領域から，保育表現技術系教科目を配置するよう義務づけられました。これは「従来の『基礎技能』から，保育における表現に係る保育技術を学ぶ科目であることをより明確に示す」という観点から，「特に『表現』を広く捉え，子どもの経験や保育の環境を様々な表現活動に結びつけたり，遊びを豊かに展開するために必要な技術を習得できるようにする」ために配されたものです。つまり，保育者養成校における音楽，造形，体育等の実技系教科目は，言葉も含めて，単に学生の技能的側面を伸ばすといった目的にとどまらず，「保育者となる学生自身の表現する力を育てる」とともに，「どのようにして子どもの表現する力を育てるか」ということも視野に入れて授業を行なうことが明確に位置づけられたのです。

　本書は，保育者養成校の学生が，実習で行なう表現遊びの指導の計画立案の際に活用できることを目的に，さまざまな遊び案とその指導計画案を提案するという，これまで編者である岡本が手がけてきた2冊の『実習に役立つ表現遊び』の趣旨を継承しつつ，上記のような保育士養成課程の改正にともなって新たに設置された「音楽と表現」，「造形と表現」，「言葉と表現」，「身体と表現」の保育表現技術の各教科目においても活用することを目的としています。

　子どもの表現は，音楽，造形，言葉，身体のどれかひとつからでなく，あらゆる側面から総合的にとらえられる必要があります。音楽的な表現ひとつをとっても，言葉の側面，身体の側面からとらえることはできますし，表現の方法によっては造形的な表現との関連も考慮する必要があるでしょう。あらゆる側面が一体となって表われる，それが子どもの表現にほかなりません。しかし一方で，「あらゆる側面が一体となって表われた」その表現を，また「ある側面から深くとらえてみる」という視点も必要です。

　本書では，子どもの表現を総合的に広くとらえると同時に，音楽，造形，言葉，身体のそれぞれの側面から深くとらえるという双方向の視点をもって計画立案ができるようくふうしました。第1部の，「音楽と表現」，「造形と表現」，「言葉と表現」，「身体と表現」の各章の遊び案は，それぞれ音楽的側面，造形的側面，言葉の側面，身体的側面を中心にねらいと内容を設定していますが，他の側面との関連も考慮しながら遊び案を作成しました。また，す

べての遊び案について，指導計画案を添えています。この指導計画案もまた，ひとつの側面を中心として書かれていますが，実際の実習においては，子どもの興味・関心や，遊びの深まり具合や仲間関係，そして季節などを考えながら，さらにくふうを加えていってほしいと思います。

そして第1部第5章では，「授業実践例」の提案をしています。先に述べたように，新保育士養成課程において，音楽，造形，言葉，身体の4つの領域の保育表現技術系教科目が配されたことで，これらの教科目では「子どもの表現」を相互に関連づけて授業が展開されることが求められるようになりました。各授業実践例は，保育者となる学生自身の表現する力を高めたり，感じる心を育てたりすることを目的とするほか，これら4つの保育表現技術系教科目の授業担当者が，技能習得のみを目的とせず，保育における子どもの表現を学生がどのようにとらえ，実習でどのように指導するのかを念頭において授業を行なうとともに，他の表現領域との関連を意識しながら，また，授業担当者どうし互いに連携しあいながら授業を進めることをも目的に提案しています。1冊のテキストを用いて，4領域の授業担当者が連携をとりながら，また学生もさまざまな表現領域を相互に関連づけながら授業を行なっていただきたいと思います。

第2部においては，実習において欠かすことのできない記録と計画立案について，その方法を具体的に説明しています。また，新たな記録の方法として，実習だけでなく就職後にも活用していただくよう「保育マップによる記録」の方法を掲載しています。子どもの遊び，その時どきの子どもの姿を俯瞰的にとらえ，必要な援助の方向性や環境の構成の仕方を考えていく保育マップの活用法をぜひ身につけて実践に役立てていただきたいと思います。

さらに，各章の終わりには学生さんたちの疑問や不安にこたえるワンポイントアドバイスとして，コラムを掲載しました。日ごろの授業や実習時の参考にしてください。

最後に，ここに提案された遊び案や指導計画案を，そのまま「丸写し」して使用するのではなく，実習では子どもの実態や園の保育方針などに即して，自分でもう一度よく考えながら，指導計画を作成していただきたいと思います。

保育の中で子どもは遊びをとおしてさまざまな「学び」を経験します。この遊びをとおして子どもは何を学ぶことができるだろうかという，遊びのもつ「潜在的な学びの価値」にも着目し，教材研究の視点からも本書を活用していただきたいと思います。

本書を読んでくださったみなさんの実習が，より実りの多いものになること，そして将来，すばらしい保育者に育ってくださることを願っています。

2013年1月

岡本拡子

目　次

第 1 部
表現遊びの活動例　1

第 1 章　音楽と表現　3

1　ゆきのこぼうず ………………………… 4
　　（指導案 1　17）
2　だるまさん，あっぷっぷ ……………… 6
　　（指導案 2　18）
3　ふんわリスのパン屋さん ……………… 8
　　（指導案 3　19）
4　気分はマエストロ ……………………… 10
　　（指導案 4　20）
5　布で遊ぼう ……………………………… 12
　　（指導案 5　21）
6　おもちつきをしよう …………………… 14
　　（指導案 6　22）

コラム 1　ピアノが苦手です。　23
コラム 2　人前で歌ったり大きな声を出したりすることができません。　23

第 2 章　造形と表現　25

1　くるくるスクリュー …………………… 26
　　（指導案 7　38）
2　くるくるハッチ ………………………… 28
　　（指導案 8　39）
3　ミルクとんぼ …………………………… 30
　　（指導案 9　40）
4　ニジイロ帽子 …………………………… 32
　　（指導案 10　41）
5　ぞうきんアタック ……………………… 34
　　（指導案 11　42）
6　新聞紙でペタペタ窓アート …………… 36
　　（指導案 12　43）

コラム 3　不器用で絵を描いたり物をつくったりするときにセンスがないと感じてしまいます。　44
コラム 4　子どもが絵を描いたり製作したりしているとき，その表現をどのように認めるべきですか。　44

第 3 章　言葉と表現　45

1　絵カードでお話しよう ………………… 46
　　（指導案 13　58）
2　詩を楽しもう …………………………… 48
　　（指導案 14　59）
3　にぎろかな，すてよかな ……………… 50
　　（指導案 15　60）
4　名前のなかに何がある？ ……………… 52
　　（指導案 16　61）
5　なぞなぞボックス ……………………… 54
　　（指導案 17　62）
6　劇遊び『おおきなかぶ』 ……………… 56
　　（指導案 18　63）

コラム 5　絵本や紙芝居を選ぶときは，どのような点を注意したり配慮すればよいですか。　64
コラム 6　子どもが意欲的に取り組めるような言葉のかけ方はどうすればよいですか。　64

第 4 章　身体と表現　65

1　ほしぼう☆になろう …………………… 66
　　（指導案 19　78）
2　はらぺこあおむしごっこ（絵本劇場） … 68
　　（指導案 20　80）
3　〇□ドッジボール（ボール遊び） …… 70
　　（指導案 21　82）
4　た，た，た……たこ・たぬき（鬼ごっこ）… 72
　　（指導案 22　84）
5　海賊サーキット ………………………… 74
　　（指導案 23　86）
6　新聞紙遊び ……………………………… 76
　　（指導案 24　88）

コラム 7　身体を動かすこと，運動遊びが苦手です。　90
コラム 8　集団活動，集団遊びに参加したくない子どもに対してどのように接すればよいですか。　90

第5章　授業実践例　91
1 音の日記 …………………………… 92
2 子どもの心に届く発声法 ………… 94
3 色の日記 …………………………… 96
4 葉っぱや枝で何ができる？ ……… 98
5 手品でお話 ………………………… 100
6 自己紹介紙芝居 …………………… 102
7 身体で表わすトレーニング ……… 104
8 レッツ！ ゴム飛び ………………… 106

コラム 9 製作など一斉活動で進める場合、一人ひとりの進度のちがいがあり進め方がわかりません。108
コラム 10 発表会の練習ではどうしても保育者が主導的になってしまいますが，どうすれば子ども主体の練習の進め方ができますか。108

第2部
記録から計画立案へ　109

第1章　記録の書き方　111
1 実習に欠かすことのできない記録 …… 112
2 なぜ記録を書くのか ……………… 112
3 計画，実践に生かせる記録 ……… 113

第2章　計画立案の方法　119
1 計画立案の方法 …………………… 120
2 指導案を作成するまでに ………… 120
3 指導案作成のポイント …………… 121

第3章　新しい記録　楽しい記録
「保育マップ」の活用　127
1 記録としての保育マップの特色 ……… 128
2 保育マップを見比べてみよう ………… 128
3 保育マップを描いてみよう …………… 129
4 保育マップを見せ合おう ……………… 129
5 保育マップの活かし方 ………………… 134

コラム 11 子どもが主体的に活動できるには，どのような環境構成がよいでしょうか。135

第1部 表現遊びの活動例

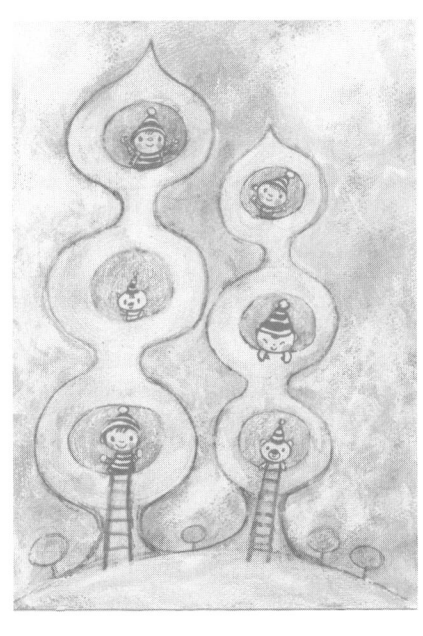

第1章
音楽と表現

　子どもは歌うことも楽器を演奏することも音楽を聴くことも大好きです。でも実習生のなかには「ピアノが苦手」とか「人前で歌うのが恥ずかしい」という理由で，音楽遊びを避ける人もいるようです。

　歌うことや演奏をすること，そしてもちろん音楽を聴くことは，だれにでもできること，そして本当は音楽がきらいな人なんていないのです。

　ここでは，実習生の「音楽苦手意識」を変えられる楽しい音楽遊びの遊び例を紹介します。ピアノが得意な人はピアノ演奏を駆使しながら，苦手な人は楽器を何も使わないでも，こんなに楽しい音楽遊びができることを知ってください。そしてぜひ実習でチャレンジしてみましょう！

1 ゆきのこぼうず ▶指導案1 P.17

　アクションソングのなかには，歌の歌詞とメロディの音高の変化と動作とがピッタリ合うものがあります。たとえば『ひげじいさん』。「ド」の音から始まる「ひげじいさん」では手を顎に当て，「レ」から始まる「こぶじいさん」は頬，「ミ」は「天狗さん」……と，音が高くなるのにあわせて手の位置も高くなります。『ゆきのこぼうず』も，音の高さと身体の動きを一致させることのできるアクションソングです。

ねらい
- 『ゆきのこぼうず』を歌いながら，歌詞に合った手の動きを楽しむなかで，音の高さや速さのちがいを感じる。
- 雪がはらはらと舞い降りる様子を表現したり，歌詞に合った身体表現をくふうしたりして，イメージを描きながら歌うことを楽しむ。

対象年齢
3歳児

内容・遊び方
- 「ゆきのこぼうず」とくり返し歌う部分は，他の部分より細かい音符で表現されています。手のひらをひらひらと揺らして，雪が降っている様子を表わしてしてみましょう。
- 「やねにおりた」の部分は，「ファミレド」と音が下がっています。音高の変化に合わせて，一音ずつ，上にあげた手を順に下げていきましょう。
- 「つるりとすべって　かぜにのってきえた」，「するりともぐって　みんなみんなきえた」，「じっとすわって　みずになってきえた」と，1～3番の歌詞にあわせた動作をくふうしてみましょう。

指導上の留意点
- 音高を手の動作で表現するとき，その変化をはっきりと示しましょう。
- 実習生の声をよく聴いて声をあわせて歌えるように，初めのうちは「ファミレド」の部分を少しゆっくり歌ってみましょう。
- 動作だけではなく，声の表現からも風景が想像できるようにくふうして歌ってみましょう。
- 雪が解けて消える雰囲気を感じられるよう，曲の終わりのニュアンス（余韻）をたいせつにしましょう。

発展・応用
- 音の大きさはモノの大きさと結びついて，聴覚でとらえたそのちがいを言葉に置き換えることは自然にできるのですが，音の高低の概

念獲得には学習が必要だと言われています。たとえばピアノで高い音を弾いたとき，子どもはその印象を，「キラキラした」とか「水色みたい」，「きれい」，「小さい」と話し，低い音の場合は，「怖い」，「黒色」，「にごった」，「大きい」などと答えます。そうした印象の表現をたいせつにしながらも，音高の変化に動作をともなわせることで，音の「高低」の概念が自然に身につけられるよう，意識的に歌うようにしてみましょう。

- 『ゆきのこぼうず』は『いとまき』の歌と同じメロディです。それに気づいた子どもから，「どっちが替え歌？」とたずねられたことがあります。子どもは『いとまき』を歌うときは，軽快に元気よく歌ってくれました。同じメロディでも，子どもは歌詞のちがいによって歌い方を変えているようです。そのちがいも楽しんでみましょう。
- 『ひげじいさん』のアクションソングは，動作をつけて歌うだけでなく，「ひげじいさん」，「こぶじいさん」，「天狗さん」，「メガネさん」のグループに分かれて，そのフレーズを分担唱してみましょう。心のなかで歌う（サイレントシンギング）ことで，流れに乗った音高とリズムで歌いつなぐことができます。フレーズごとに変化する音の高さへの気づきにもつながることでしょう。
- ほかにも，音の高さと動作が一致したアクションソングを探して，表現してみましょう。

【tama】

ゆきの　こぼうず

外国曲
訳詞：村山寿子

2 だるまさん，あっぷっぷ ▶指導案2 P.18

　昔からよく歌われている有名なわらべうた『だるまさん』を用いてカノン唱（輪唱）を楽しみます。このわらべうたの本来の遊び方は，友だちどうし向き合っていっしょに歌を歌い，「笑うと負けよ，あっぷっぷ」と唱えたあとに，互いにおもしろい顔をして相手を笑わせ，さきに笑った方が負けというものですが，ここでは本来の遊び方ではなく，わらべうたの旋律を用いて，幼児でも無理なくカノン唱ができる方法を紹介します。旋律をずらしながら歌うことで，音の重なりが生まれ，ハーモニー感を楽しむことができます。また，「あっぷっぷ」というオノマトペを利用して，この部分だけをオスティナートとしてくり返し歌う「あっぷっぷ隊」をつくることで，さらに音がうねるように重なる美しさを感じることができます。

ねらいと内容
- わらべうたの旋律を用いてカノン唱を行ない，音の重なり合いによって生まれるハーモニーの美しさを感じる。
- 友だちの声をよく聴き，みんなで声を合わせて歌うことを楽しむ。

対象年齢
4歳児以上

遊び方
- 『だるまさん』のわらべうたを，一般的な遊び方で歌いながら遊ぶ。
- 2つのグループに分かれ，1つめのグループが「だるまさん，だるまさん」の箇所まで歌うと，2つめのグループが「だるまさん，だるまさん」と歌い出し，カノン唱を行なう。
- 2つのグループで，相手につられずに歌えるようになったら，グループを3つ，4つと分けて，より音の重なりを多くしていく。
- 「あっぷっぷ隊」を結成する（「やりたい人はいますか？」と問いかけてもよい）。「あっぷっぷ隊」はカノン唱が歌われている間，ずっと「あっぷっぷ」の部分だけを歌う。
- 「あっぷっぷ」を2回くり返すのを聞いてから，1つめのグループが「だるまさん，だるまさん」と歌い出し，オスティナートとカノン唱を完成させる。

指導上の留意点
- カノン唱は慣れない間は，他人の歌を聴きながらちがう旋律を歌う時につられてしまいます。まずは斉唱でくり返し歌を歌ってから行ないましょう。
- うまく歌えるようになったら，「ズレて聞こ

える旋律」と「自分の歌う旋律」の音が重なっていることのおもしろさやその美しさを子どもに伝え，互いに聴き合えるよう援助しましょう。

- グループを多くしていくことで音が多重に聞こえることがおもしろくなってきます。何度もくり返して続けて歌うことで，そのおもしろさはさらに増していきます。
- 「あっぷっぷ隊」は歌うとおもしろいのですが，カノン唱を聞かずに歌う子どもも出てくるでしょう。音の重なりに着目するような言葉をかけましょう。
- 友だちの声と自分の声がよく聞こえるよう，半円形になって歌うとよいでしょう。

発展・応用

『だるまさん』のわらべうただけでなく，『あんたがたどこさ』や『おちゃらかほい』など，日常の保育で歌うようなさまざまなわらべうたでカノン唱に挑戦してみましょう。

【Hiro】

1) 大阪教育大学音楽教育講座（編） 2012 音楽科授業改善のためのデジタルコンテンツ「だれにでもできるステップアップ教材」わらべうた編 大阪教育大学音楽教育講座 http://ir.lib.osaka-kyoiku.ac.jp/dspace/handle/123456789/27184

3 ふんわリスのパン屋さん ▶指導案3 P.19

「リスのパン屋さん」に動物たちが次つぎにパンを買いにくるという，ストーリー性のある歌を用いた遊びです。低年齢の子どもも拍に乗りやすい4分の2拍子のリズミカルな曲ですので，リズムに合わせて身体表現を楽しむことができます。また，劇遊びやペープサートなどと組み合わせた遊びへと展開させることもできます。

ねらいと内容

- 歌詞の意味を考えながら，それぞれの動物に合う動きをくふうする。
- リズムに合わせて身体を動くかすことを楽しむ。
- パン屋さん役とお客さん役になり，友だちと歌いながらやりとりを楽しむ。
- 友だちと意見を出し合いながら表現をくふうし，同じ動きをする楽しさを共有する。

対象年齢

3歳児以上

準備物

必要に応じて，動物のお面をつくったり，パンの絵を描いたりして，歌詞の内容をより理解しやすいようにする。

遊び方

まず，くり返し歌を歌い，歌詞を覚えられるようにします。歌詞のなかに出てくるどの動物になりたいかを子どもたちに問いかけ，リスのパン屋さん役とお客さんの動物役（ウサギ，野ネズミ，タヌキ，キツネ，クマ）を決めます（一つの役が複数になっても構いません）。

それぞれの動物の特徴を考え，どのような動きが合うのかを話し合い，曲に合わせて動物の動きを表現してみましょう。また，くり返し出てくる最後のフレーズ（森のおうちで，さあパンを食べよう。みんな大好きな○○パン）では，曲のリズムにあった動き（スキップなど）を全員でするなどして，友だちとリズムに合わせた表現を共有する楽しさを味わえるようにしましょう。

指導上の留意点

- 子どもたち一人ひとりが動物にあう動きを考えられるよう，どのような動きをすればそれぞれの動物の特徴を表わすことができるか，じっくりと話し合う時間をもちましょう。
- 一人ひとりの考えや表現したいという気持ちを認め，また友だちどうしで表現を認め合うことのたいせつさを伝えていきましょう。
- 曲のテンポが速くなりすぎないよう留意し，

子どもたちにも「音楽をよく聴きながら動いてみよう」と言葉をかけたり，最初は歌わずに動いてみるなどして，リズムに合わせた動きができるよう配慮しましょう。

発展・応用

歌詞をイメージしやすいように，ペープサートやお面などをつくって遊ぶのも楽しいですね。年中・長児であれば，子どもたち自身で製作してもよいでしょう。また，歌の合間にセリフを入れるなどして，ストーリーを子どもたちといっしょに考えて劇遊びへと発展させると，長期間にわたって遊びが展開されることもあるでしょう。

【Hiro】

ふんわリスのパン屋さん
作詞：岡本拡子
作曲：熊本尚美

4 気分はマエストロ ▶指導案4 P.20

　子どもは，音楽に合わせて身体を動かすことが大好き。自由気ままに身体を動かしているようですが，音楽に合った身体表現をしているときって，じつは，よ～く音楽を聴いているんです。指揮者＝マエストロによって音楽は動くわけですが，今日は音楽に合わせてマエストロ気分に！　聴こえてくる音楽の音量やテンポ，音色やハーモニー，リズムに指揮棒を合わせ，音楽表現することを思いっきり楽しみましょう！

ねらい

・音楽を聴いて，音楽の雰囲気を感じたり，音の大きさやテンポの変化などに気づいたりする。
・指揮者になりきって音楽をよく聴き，音楽に合わせて身体表現することを楽しむ。

対象年齢

4歳児以上

準備物

・『カリンカ』の楽譜。この曲は，テンポが加速する躍動的な部分とゆっくりとした部分に分かれています。そのちがいがしっかり伝わるように，ピアノの練習をしておきましょう。ピアノ演奏がどうしても難しい場合は，CDを探しましょう。
・指揮棒（広告を細く丸めてつくる。好きな色を塗って，マイ指揮棒を持てば，楽しさ倍増☆）。

内容・遊び方

・マエストロになりきる準備運動として，実習生が歌を口ずさみながら指揮をして見せ，声の大小やテンポの変化に合わせて指揮をすることのイメージをつくる。
・実習生がピアノを弾き，指揮者になりきる。
・マエストロとして曲の終わりを伝えるポーズをくふうする。

指導上の留意点

・実習生は，テンポの変化が視覚的にも伝わるように動作を大げさに表現したり，フレーズの変わりめがわかりやすいような呼吸をしたりして，変化が伝わりやすいような演奏をくふうしましょう。
・お互いに向き合ったり，みんなの前で披露するなどして表現を共有したり，なりきりマエストロ・チャンピオンを選んだりしても楽しいでしょう。

発展・応用

・もっと難しい曲にチャレンジしたい5歳児には，J. ブラームスの『ハンガリー舞曲第5番』（CD）を用意してみましょう。自分自身が躍動する音になったつもりで，指揮棒を振ることを伝えましょう。驚くほど集中して音楽に耳を傾け，名指揮者がたくさん誕生することでしょう。

・指揮棒だけではなく，曲に登場する楽器を作成してみませんか。フルート，クラリネット，トランペット，バイオリン……。それを持って，「気分はオーケストラ！」，エアーオーケストラを楽しみましょう。廃材を用いて立体的にすると，臨場感にあふれ，ノリノリになるでしょう。

【tama】

5 布で遊ぼう ▶指導案5 P.21

　歌のリズムに合わせて布を揺らすと，たった一枚の布でも楽しめる乳児クラスの赤ちゃんたち。保育者の明るくやさしい歌声とともに，布をふんわりと揺らして，赤ちゃんたちと楽しいコミュニケーションの時間を過ごしましょう。

ねらい
・ゆったりとした気分で，リズムに合わせて布の動きを楽しむ。
・歌のリズムに合わせて身体を動かし，保育者や友だちとのかかわりを楽しむ。

対象年齢
0歳児から1歳児

準備物
ふんわりとした肌触りのよい布

遊び方
・子どもたちといっしょに保育者も座り，「ちゅっちゅ，こっことまれ〜」のわらべうたを歌う。（楽譜①参考）
・実習生が歌いながら，布を揺らし，「とまらにゃ，とんでけ〜」のところで，布をひらひらさせながら，子どもの上にふんわりと布をかぶせる。
・子どもは，「ばあ」と言って，布をとる。

指導上の留意点
・布は，少し透けるものの方が，子どもが安心できるのでよいでしょう。

・ゆったりとしたテンポでやさしい雰囲気でふんわりと布を掛けます。
・楽しみに待っている子どもには，順番がくるまでくり返します。
・布を被るのが怖いなど，中には嫌がる子がいるかもしれません。そういう場合は，無理をさせないようにします。

発展・応用
・慣れてきたら，歌に合わせて子どもが布を振り，お友だちの顔にふんわり布を掛けてもよいでしょう。
・即興で簡単な物語をつくって，いくつかの歌を組み合わせて遊ぶのも楽しいでしょう。
・発展編として，大きな布を使っても楽しく遊べます。（オーガンジーのような，柔らかい透ける素材がよいです）
大きな布を実習生と保育者の2人で持ち，「うえからしたから」のわらべうたを歌いながら座っている子どもたちのうえでゆっくりと布を上下させます。（楽譜②参考）
歌い終わると同時に，座っている子どもたち

の上に，大きな布をふんわりとかけます。また，実習生らが布を上下させているところを，布が上がったタイミングで子どもたちが下をくぐるような遊びに活動を発展させても楽しいでしょう。

注：布を持ったり揺らしたりする際，担任の保育者に援助してもらえるか，あらかじめ確認しておきましょう。

【早足うさぎ】

ちゅっちゅ こっこ 楽譜① わらべうた

うえから したから 楽譜② わらべうた

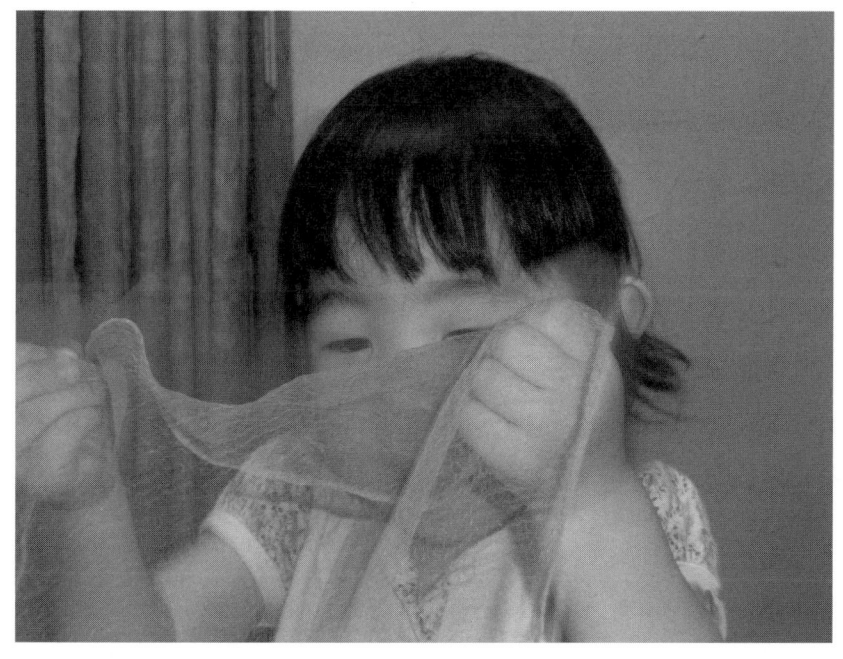

おもちつきをしよう　▶指導案6 P.22

　お正月が近づくと，お餅つきを経験する機会が増える子どもたち。園にも小さな臼と杵が用意されていて，「ぺったんこ，ぺったんこ」と保育者といっしょにお餅つきを楽しむこともあります。

　そのような経験をしたあとに，リズムに合わせてお餅つきごっこをするとイメージが膨らんで，音楽遊びがますます楽しい活動になります。

ねらい
・音楽に合わせて身体を動かす気持ちよさを感じる。
・友だちといっしょに表現を楽しみながら，友だちとのつながりを意識する。

対象年齢
2歳児～3歳児

内容
・イメージを膨らませてお餅つきをし，音楽に合わせて表現を楽しむ。
（「ぺったんこ」とお餅をつく，自分がお餅になって膨らむ，縮む，大きいお餅を丸める，小さいお餅を丸める）

遊び方
①「お餅つきをしよう！」の掛け声で，杵を持つ姿勢で準備する。
②「ぺったんこ～」とお餅をつく動きをする。
　（動きにピアノで音を付ける　楽譜①参考）
③「やわらかくなってきたね。お餅がふくらむよ～」と声をかけ，一度しゃがんでから，「しゅるる～」と伸びあがる。
　（動きにピアノで音を付ける　楽譜②参考）
伸び切ったら今度は「しゅるる～」と縮む。
　（動きにピアノで音を付ける　楽譜③参考）
④「次は小さいお餅をつくるよ～ころころころころ」と言いながら，手のひらを合わせるようにして小さなお餅を丸める動作をする。
　（動きにピアノで音を付ける　楽譜④参考）
⑤「大きいお餅をつくるよ～ころころころころ」と言いながら，両手で大きなお餅を丸める動作をする。
　（動きにピアノで音を付ける　楽譜⑤参考）

指導上の留意点
・お餅つきのイメージがわくように，経験の少ない子には，あらかじめ臼や杵などの話をしておくとよいでしょう。
・「ぺったんこ」と言いながら，大きな動作をしてみせると，子どもたちもタイミングがわ

かりやすくなります。はじめは，掛け声だけでテンポを取り，タイミングがあってきたら，ピアノで音を付けるように進んでいます。

発展・応用

・動きに慣れてきたら，「美味しいから，もっとたくさんつくりましょう。」と言って，それまでの動きをランダムにくり返します。

・曲をよく聞いて動きを判断し，伸びたり，縮んだり，大きく丸めたり，小さく丸めたりという動きを考えて表現するのもよいでしょう。（即時反応）

【早足うさぎ】

おもちつきをしよう[1]

---

1) この曲は執筆者が保育現場で聴き覚えていたものを楽譜に起こしたものである（採譜　和田美香）

おもちつきをしよう　ころころ（速く）
楽譜④

おもちつきをしよう　ころころ（ゆっくりと）
楽譜⑤

		指導案1　ゆきのこぼうず		対象年齢：3歳児
子どもの姿		○音楽に合わせて動くことを楽しんでいる。 ○音の高さや速さのちがいに興味を持ちながら，歌ったり自由に身体を動かしたりする姿が見られる。		
ねらいと内容		○『ゆきのこぼうず』を歌いながら，歌詞に合った手の動きを楽しむなかで，音の高さや速さのちがいを感じる。 ○雪がはらはらと舞い降りる様子を表現したり，歌詞に合った身体表現をくふうしたりして，イメージを描きながら歌うことを楽しむ。		
時間	環境構成	予想される子どもの姿・活動	実習生の援助と配慮	
10：30	[準備] ・人数分の椅子 　　保育者	○かたづけ，排泄，手洗いのすんだ子どもから保育者のまわりに集まって椅子に座る。	○早く集まってきた子どもたちと，よく知っている『ひげじいさん』の手遊びをしながら，全員がそろうのを待つ。	
10：35	○自由に身体が動かせるよう，十分なスペースを確保する。	○実習生の歌う『ゆきのこぼうず』の1番を聴く。 ○実習生のやり方を真似て，1番をいっしょに歌う。 ○2番，3番を順に聴いて，「するりともぐってみんなみんなきえた」，「じっとすわって　みずになってきえた」の表現を考える。 ○歌詞の意味を確認しながら，歌を覚えてイメージを膨らませて豊かに表現する。 ・ファミレドの音程に気をつけて歌う。 ・雪が解けて消えるイメージを，曲の終わりの余韻に重ねる。	○『ゆきのこぼうず』の1番を歌う。 ・「ゆきのこぼうず，ゆきのこぼうず」の部分は，両手を高く上げ，細かいリズムに合わせて手のひらをキラキラと振りながら，風に舞う雪の様子を表現する。 ・「やねにおりた」の部分は，音の変化に合わせて手を順に下ろしながら，丁寧に歌う。 ・「つるりとすべって」は，滑る感じを手で表現し，「風に乗って消えた」は，腕を横に揺らして遠ざかる感じを表現する。 ○『ゆきのこぼうず』の2番，3番を歌う。 ・後半部分では，「どんな動きをつけて歌ったらいい？」と問いかけ，歌詞のイメージにあった表現を子どもといっしょにくふうする。 ・歌詞が正しく歌われるよう，「やねにおりた雪はどうなった？」，「3番では，どこに座ってたのかな？」などと問いかけて確認する。 ・「ファーミーミレレド」の部分を，意識して歌う。	
10：55		○既習の『いとまき』の歌を，動きをつけて歌う。 ・『ゆきのこぼうず』に比べてテンポを上げ，快活に歌う。	○『いとまき』の旋律と同じであることに気づいている子どもの発言を取り上げる。 ・「元気よく歌ってるね」，「調子よく糸が巻かれているね」など，歌い方や曲のイメージが変わっていることに気づくような言葉をかける。	
11：00		○もう一度『ゆきのこぼうず』を歌って表現する。 ・旋律が同じであることを確認する。 ・速さや雰囲気を変えて歌うことで，音楽の表情が変わることに気づく。		

指導案2　だるまさん，あっぷっぷ			対象年齢：4歳児以上
子どもの姿	○ 保育者や友だちとともに歌を歌ったり，手合わせをしたりして遊ぶ姿が見られる。		
ねらいと内容	○わらべうたの旋律を用いてカノン唱を行ない，音の重なり合いによって生まれるハーモニーの美しさを感じる。 ○友だちの声をよく聴き，みんなで声を合わせて歌うことを楽しむ。		
時間	環境構成	予想される子どもの姿・活動	実習生の援助と配慮
10：00	・友だちの声や自分の歌う声がよく響き，聞こえやすいような空間や雰囲気を整えておく。 実習生 子ども [準備物] ・大きな模造紙などに歌詞を書いておく。 ○遊び方 別紙楽譜のとおり。	○『だるまさん』の歌を歌う。 ・実習生の歌を聴きながら，メロディと歌詞を覚える。 ・模造紙に書かれた歌詞を，保育者といっしょに読み，歌詞を確認する。	○『だるまさん』を子どもとともに歌う。 ・歌詞を覚えられるよう，言葉をハッキリと歌う。 ・伴奏なしで歌うので，音程を正しく歌う。 ・模造紙に書いた歌詞を指さしながらくり返し歌う。字の読めない子どもに配慮しながら，指さしている箇所にどのような言葉が書かれているかを，子どもといっしょに確認しながら読む。
10：15		○『だるまさん』の歌を遊びながら歌う。 ・友だちと2人組になり，向かい合って歌う。 ・「笑うと負けよ，あっぷっぷ」と歌ったあと，お互いを見合いながらおかしな顔をつくって相手を笑わせる。 ・相手を変えて何度か遊びをやってみる。	○『だるまさん』の歌の遊び方を子どもといっしょにやってみる。 ・おかしな顔をして相手を笑わせるというルールを伝え，いろいろなおもしろい顔をつくってみようと伝える。 ・おもしろい顔をしている子に注目するよう伝え，遊びを盛り上げる。
10：25		○『だるまさん』の歌のカノン唱をする。 ・実習生があとからズレて歌い始める歌をよく聞き，カノン唱のやり方を理解する。 ・①のグループは②のグループが歌い出しても止まらないで歌い続ける。 ・②のグループは保育者の合図を手がかりに，間違わないように歌い始める。 ・友だちの声をよく聞きながら，音の重なりを楽しむ。 ・①と②の順番を入れ替えて歌ってみる。 ・歌えるようになったら，③，④のグループを増やす。	○『だるまさん』のカノン唱をすることを伝える。 ・まず子どもたち全員に①から歌ってもらい，保育者のみが②から歌い始め，カノン唱があとから追いかけてズレて歌う歌い方であることを伝える。 ・2つのグループに分かれて，①のグループから歌い始めること，②のグループの歌い始める箇所がどこであるかが理解できるように伝える。 ・他のグループの声が聞こえやすいように，半円形になって歌う。 ・歌詞の書いてある模造紙を指さししたり，歌い出すときに指揮をするなどして，間違わないように注意する。 ・①と②の順番を入れ替えてやってみると提案する。 ・「もっと難しく，きれいにしよう」と言葉をかけ，グループを増やしていく。さらに音が重なって聞こえる美しさを感じられるよう，「お友だちの声をよく聞きながら歌ってみよう」と伝える。 ・「あっぷっぷ隊」のオスティナート唱を加えて，さらに複雑にしていく。 ・「あっぷっぷのところだけを歌いたい人はいますか？」とたずね，やりたい子どもに「あっぷっぷ隊」になってもらう。
10：40		○「あっぷっぷ隊」のオスティナート唱を加えて歌う。 ・「あっぷっぷ隊」をやってみたいと言う。 ・「あっぷっぷ」の箇所だけ練習してみる。 ・「あっぷっぷ隊」がさきに歌い始め，続いて①のグループから順番に歌い始め，オスティナート付きのカノン唱を楽しむ。	・「あっぷっぷ隊」のみで歌ってみる。 ・歌えるようになったら，「あっぷっぷ」の箇所を2回くり返してから，①のグループが『だるまさん』を歌い出すことを伝え，いっしょに歌ってみる。 ・つられて歌いづらそうになっているグループに入っていっしょに歌い模範となる。
11：00		○「だるまさん」のカノン唱を披露する。 ・全員でうまく歌えるようになったら，園長先生や他のクラスの子どもたちにお客さんになってもらって，発表する。	・『だるまさん』のカノン唱を他のクラスの友だちや園長先生たちに聴いてもらおうと提案する。 ・ステージを用意し，かっこいい姿をみてもらおうと意欲を高める。

指導案3　ふんわリスのパン屋さん			対象年齢：3歳児以上	
子どもの姿	○保育者や友だちとともに歌を歌ったり，音楽に合わせて身体を動かしたりして遊ぶ姿が見られる。 ○絵本や物語に興味をもち，遊びのなかに取り入れて劇遊びなどを楽しんでいる。			
ねらいと内容	○歌詞の意味を考えながら，それぞれの動物に合う動きをくふうする。 ○リズムに合わせて身体を動かすことを楽しむ。 ○パン屋さん役とお客さん役になり，友だちと歌いながらやりとりを楽しむ。 ○友だちと意見を出し合いながら表現をくふうし，同じ動きをする楽しさを共有する。			
時間	環境構成		予想される子どもの姿・活動	実習生の援助と配慮
10：00	・自由に動いて表現遊びが楽しめるように，広いスペースを確保する。 ・動き回っても危険がないように，机や椅子をかたづけておく。 ・子どもの動く姿がよく見えるようにピアノを配置する。		○「ふんわリスのパン屋さん」の歌を歌う。 ・保育者の歌を聴きながら，メロディと歌詞を覚える。 ・次つぎに登場する動物やパンに興味を示し，楽しみながら歌を覚える。	○「ふんわリスのパン屋さん」を子どもとともに歌う。 ・紙芝居やイラストなど，登場する動物とパンの絵を描いて示し，歌詞を覚えやすいようにする。 ・メロディと歌詞を覚えやすいよう，またお手本となるよう，ゆっくりと大きな声で歌う。 ・「次は○○さんが登場します。どんなパンを買うのかな」など言葉をかけ，興味をもって歌詞を覚えられるようにする。
10：15	[準備物] ・「ふんわリスのパン屋さん」の楽譜 ・登場する動物とパンを描いた紙芝居		・歌を覚えたら，音楽に合わせて歩いたりスキップをしたりして，リズムに合わせて自由に身体表現を楽しむ。	・曲の拍を感じ取れるよう，リズミカルにピアノを弾き，音楽をよく聴きながら動くよう伝える。 ・一人ひとりの表現を認めたり，お友だちの動きをよく見ていっしょに動いてみるよう伝えたりする。
10：25		またはペープサート	・なりたい動物を決め，その動物に合う動きを友だちといっしょに考える。 ・自分の考えを伝えたり，友だちの意見を聞いたりする。 ・実際に動きながら友だちと表現を共有する。 ・動きが決まったら発表し，音楽に合わせて動いてみる。 ・最後のフレーズ（各番同じ）の動きをみんなで考え，全員で動いてみる。	○歌に出てくるどの動物になりたいのかをたずねる。 ・なかなか決められない子どもには「どの動物さんが好き？」などとたずね，興味がもてるようにする。 ・「○○君のウサギさんは元気がいいね」，「おしゃれなキツネさんはどんな風に動くのかな」など，それぞれの動きをイメージしやすいように言葉をかける。 ・それぞれの動物の動きが決まったら，その部分だけを演奏し，表現を確認し合う。 ・友だちの前で表現する姿を認め，褒める。 ・同じ表現をする楽しさを共有できるよう，みんなで同じ動きをすることの楽しさを伝える。
10：40			○1番～6番までとおして，歌いながら表現する。 ・歌は全員で歌い，自分が決めた動物が登場する番になったら，その動物になりきって動く。 ・出番のない時は，しっかりと歌い，友だちの表現をよく見る。	○「それでは1番～6番までとおして歌いながら動いてみましょう」と言い，これから完成した歌を披露するという雰囲気をつくる。 ・ピアノの伴奏をよく聴きながら歌うよう伝える。 ・自分の役のとき以外は，友だちの表現する姿をよく見るように伝える。 ・全員で動くときには，友だちの表現を見ながら動きを合わせてみるういう。 ・友だちを押したり，走り回ったりなどしないように注意しながら，楽しく動けるようにする。
10：50			○感想を言い合い，動物の役を交換するなどして，くり返し遊ぶ。 (年中・長児) ○お面をつくったり，ペープサートなどをつくったりして，劇遊びをしてみたいなどと言う。	○どの動物の動きがおもしろかったかなどの感想を聞き，他の動物役もやってみようとくり返し遊ぶことを提案する。 ○次はお面をつくったりペープサートをつくったりして劇遊びをしてみようと提案し，次の遊びへの期待がつながるようにする。

	指導案4　気分はマエストロ		対象年齢：4歳児以上
子どもの姿	○音楽に合わせて動くことを楽しんでいる。 ○新しいことに，意欲的に取り組もうとする。 ○音の高さや速さのちがいに気づき，それに合う動きを自由に表現している。		
ねらいと内容	○音楽を聴いて，音楽の雰囲気を感じたり，音の大きさやテンポのちがいなどに気づいたりする。 ○指揮者になりきって音楽をよく聴き，音楽に合わせて身体表現することを楽しむ。		

時間	環境構成	予想される子どもの姿・活動	実習生の援助と配慮
10：00	[準備物] ・ピアノ・椅子・机 ・新聞紙・広告 ・カラーマジック ・CD	○実習生の真似をして，指揮者の雰囲気で腕を動かす。	○『カリンカ』の曲の，特徴的なフレーズを歌いながら指揮者の振りをして見せる。 ・マエストロ＝指揮者について，何をする人なのか，どんなことをしているのかを伝える。
10：05	ピアノ 保育者 ○○○○○○○○○	○音楽をよく聴き，指揮者になりきって身体表現することを楽しむ。 ・実習生の弾くピアノの音に耳を澄ませる。 ・テンポや音の大きさの変化に気づく。 ・指揮者の身体表現をとおして，音楽の雰囲気の変化を楽しむ。	○実習生の弾くピアノに合わせて，『カリンカ』の指揮をすることを告げる。 ・中間部でのテンポの変化が視覚的にも伝わるように，演奏する動作を大げさに表現する。 ・フレーズの変わりめでは，子どもと呼吸が一致するように，大げさに呼吸して示す。 ・慣れてきたら，アッチェレランド，リタルダンド，クレッシェンド，ディミヌエンドなど表情を付けて演奏し，指揮の楽しさを伝える。
		○友だちの指揮ぶりを見る。 ・向き合って指揮を見合ったり，みんなの前に出て指揮したりして，友だちと表現を共有する。	○それぞれの子どもの表現を認め，具体的にほめる。 ・表現することを難しいと感じている子どもには，そばでいっしょに表現する。
10：20	[製作時の配置] ▭▭　▭▭ ○○　○○ ▭▭　▭▭ ○○　○○	○指揮棒を製作する。 ・新聞紙や広告を細く丸めて指揮棒をつくる。 ・マジックで色を塗ったり模様付けをしたりする。	○指揮棒のつくり方の手順を説明する。
10：50		○指揮棒を使って『カリンカ』の身体表現をくり返し楽しむ。 ・マエストロになりきることがうれしい。	○指揮棒は，力を入れすぎるとすぐに折れてしまうので，注意をうながす。壊れてしまった子どものために，予備の指揮棒を用意しておくとよい。
11：00	[演奏時の配置] ピアノ ○○○○○○○○○	○J・ブラームス作曲の『ハンガリー舞曲第5番』を聴く。 ・難しい曲にチャレンジすることへの期待をもつ。	○『ハンガリー舞曲第5番』のCDを聴かせる。 ・「マエストロのみなさん，明日の演奏曲はこの曲です。がんばって指揮をしてみましょう」など，少し難しい課題にチャレンジすることへの期待感がもてるように話す。

指導案5　布で遊ぼう				対象年齢：0歳児～1歳児
子どもの姿			○音楽が聴こえるとすぐに反応し，リズムに合わせて膝を曲げ伸ばし，両手を上にあげて声を出して踊る姿が見られる。	
ねらいと内容			○ゆったりとした気分で，リズムに合わせて布の動きを楽しむ。 ○歌のリズムに合わせて身体を動かし，保育者や友だちとのかかわりを楽しむ。	
時間	環境構成	予想される子どもの姿・活動		実習生の援助と配慮
10：00	[準備物] ・スカーフなどの柔らかい素材の布。	○実習生のまわりに集まり，床に座る。 ○「ちゅっちゅ，こっこ とまれ」と保育者の歌声に合わせてリズムをとり，しだいにいっしょに口を動かしたり，身体を動かしたりする。 ○ふわ～っと布が飛んでいく様子を見て，自分の顔に跳んでくるのを楽しみに待つ。 ○顔にふんわりと布がかかった子どもは「ばあ」と言って，布を取る。		○小鳥とにわとりの人形（または絵など）を揺らしながら，「ちゅっちゅ，こっことまれ～」と歌う。 ○ポケットから布（カラースカーフなど）を取り出し，今度は布を揺らしながら「ちゅっちゅ，こっこ」を歌う。 ○「とまらにゃ，とんでけ～」のところで，布を高く上げ，子どもの顔にふんわりと乗せる。 ○「ばあ」と顔を見合わせる。 ○楽しみに待っている子どもたちの顔にくり返し歌いながら，ふんわりと布を掛ける。
10：10		○実習生と保育者2人が布をふんわり揺らすのを，布の下に入り，見上げるようにする。		(発展編) ○大きな布を（柔らかい物）出して，実習生と保育者の2人で持つ。 「うえからしたから」を歌いながら，布を上下させる。 ○歌い終わると同時に，布を子どもたちの上にふんわりとかける。
10：20		○ふんわりと布をかけられた子どもたちは，布の下から這い出す。 ○実習生が布を上下させているところを，布が上がったタイミングで下をくぐる。		○歌いながら布を上下させる。 ○布を揺らす実習生の他に，子どもといっしょに動ける保育者がいる場合，布の上下のタイミングで布の下を子どもたちといっしょにくぐる。

※布をもったりして揺らす際，担任の保育者に援助を手伝ってもらえるか，確認しておきましょう。

指導案6　おもちつきをしよう			対象年齢：2歳児〜3歳児
子どもの姿	○お正月を前に，園ではお餅つきを楽しみ，「おいしいね」とお餅を食べた。 ○園庭に置いてある子ども用の臼と杵でお餅つきごっこをする様子が見られる。		
ねらいと内容	○音楽に合わせて身体を動かす気持ちよさを感じる。 ○友だちといっしょに表現を楽しみながら，友だちとのつながりを意識する。		
時間	環境構成	予想される子どもの姿・活動	実習生の援助と配慮
10：00	○部屋の中は，大きな動きが取れるように，机を端に寄せておく。 ○子どもの動きに合わせて保育者がすぐにピアノで音を出せるように，子どもたちは，ピアノのまわりに集まる。 （図：ピアノ　子ども）	○「おもちつきをしよう！」の声を聞いて，保育者のまわりに集まる。 ○実習生の真似をして，杵を持つ姿勢を取る。 ○実習生の「ぺったんこ〜」の掛け声で，お餅をつく動作をする。 「こ」のところで，杵を下し，お餅をつく。 ○ピアノの音に合わせて，リズムを楽しむ。 ○実習生の動きを真似て，一度しゃがんでからしゅる〜と伸びあがる。 ○伸び切ったら，今度はしゅる〜縮む。 （音に合わせて何度かくり返す） ○小さいお餅をイメージしながら，両手でお餅を丸める動作をする。 ○大きいお餅をイメージしながら，手の平を合わせるようにして，お餅を丸める動作をする。	○「おもちつきをしよう！」と声をかける。 　お餅つきのイメージが豊かになるように，「ぺったんこ，ぺったんこついたね」「美味しいお餅ができたね」と先日のお餅つきの様子をふり返る。 ○「ヨイショ」と声をかけながら，杵を持つ姿勢を取る。 ○「ぺったんこ〜」とリズムよくお餅をつく動作をする。「こ」のところで，杵を下す。 　リズムができてきたら，掛け声を続けながら，ピアノに向かう。 　動きに合わせて，音を付ける（楽譜①参考） 　（三拍目にぺったんこの「こ」がくるようにピアノを弾く） ○「だんだん，柔らかくなってきたね〜，さあ，お餅が伸びるよ」と声をかけ，しゃがんで小さくなってから，一気に伸びあがる。 ○「今度は縮むよ〜しゅるる〜」と声をかけ，一気に縮む。 ○子どもたちが，スムーズに動けるようになったら，掛け声を続けながら，ピアノに向かい，動きに合わせて音を付ける。 　（伸びあがるところ・楽譜②参考） 　（縮むところ・楽譜③参考） ○「小さくまあるいお餅をつくるよ。さあ，丸めましょう，ころころころ」と声をかけ，手のひらを上下に合わせるようにして小さなお餅を丸める動作をする。 ○子どもの動きにピアノで音を付ける。 　（楽譜④参考） ○「今度は，大きなお餅をつくるよ。さあ，丸めましょう，ころ〜ころ〜ころ〜」とゆっくりと声をかけ，両手を広げて身体全体でお餅を丸める動作をする。
10：15			○子どもの動きにピアノで音を付ける。 　（楽譜⑤参考） ○「おいしいお餅ができました」 「いただきます」と声をかけ，友だちに分けたり，食べたりする動作につながるように声をかけて終了する。 ○まだ動きたい様子が見られたら，「おかわりしたい人はもう一度つくろうか」と声をかけ，くり返す。

コラム 1

ピアノが苦手です。

わかります！ その不安な気持ち。でも，冷静に考えてみてください。みなさんが出会った素敵な先生は，どの人もピアノが得意でしたか？ 加えて，日本では保育室にピアノがあることがあたりまえですが，海外ではそうではありません。つまり，ピアノの上手下手が保育者の質を決定づけることはないのです。しかし，ピアノは音楽を伝えるうえで，便利であり優れた楽器です。せっかく保育室にピアノがあるのですから，じょうずにつきあう方法を考えてみましょう。

まず，伴奏のための楽器という概念を捨て，ピアノを，「子どもが仲よく遊ぶ環境」としてとらえることを提案します。高い音，低い音，大きい音，小さい音……ピアノは多様な音の属性を簡単に表現できます。5本の指で弾くことにこだわる必要はありません。手のひらで鳴らしたり，小指だけで鳴らしたり，時には腕全体で鳴らしたり，さまざまに鳴らしかたを変えることによって変化する音の響きに耳を傾けてみましょう。子どもがその時の気持ちをピアノの音に置き換えて響かせるような，そんなかかわり方を考えてみてはどうでしょうか。

次に，伴奏としてピアノを用いる場合，楽譜を見た時点であきらめていませんか？ はじめはメロディだけを，気持ちよく歌いながら弾いてみましょう。ピアノの音をよく聴くことによって，あなたの歌う音程はたしかになります。次に，自分の声をなぞるようにピアノを弾いてみましょう。ここは柔らかく，ここは嬉しそうに，ここは少し寂しそうになど，歌唱表現にピアノの音を近づけてみるのです。メロディを表情豊かに弾くことも，伴奏のたいせつな役目です。その後，曲想を醸し出しているリズムやハーモニーを楽譜から探り，今のあなたにできる範囲で，それをメロディに加えてみてください。こうしたピアノとのかかわりを重ねていくことが，保育者の資質向上につながると思います。

【tama】

コラム 2

人前で歌ったり大きな声を出したりすることができません。

人前で歌ったり大きな声を出したりすることは，慣れていないと「苦手」と感じてしまう人が多いようです。保育者になると，子どもの前で歌ったり，保護者の前で説明したり，式の司会などを任されたりすることがあり，人前に出ることは避けてはとおれません。では，どうしたら克服できるでしょうか。

経験を積み重ねて，慣れることが一番と言いたいところですが，実習生の場合，経験を積み重ねる期間が無くそれは難しいですね。

まずいろいろな場面を利用して，自分の心を開放させ，殻を破る練習をしてみましょう。最初から大勢の前で心を開放させるのは難しいので，少人数で親しい人の前から練習してみましょう。自分の思いを話したり，歌を聴いてもらったりするのです。その時に「うまく歌いたい」「じょうずに話して評価されたい」といった気持ちを一度捨ててみてください。「人からこう見られたい」という意識が強すぎると人前に出ることができません。自分の弱さ，できないところ，コンプレックスを思い切って全面に出してしまってよいと考えてみましょう。じょうずにできなくても，かえってその場が和んで緊張がとけるかもしれません。ありのままの自分を出しても受け入れてもらえるのだ，という自信がついてくると思います。

また，もう一つたいせつなことは，自分のもつ「何かを伝えたい」という気持ちを大事にすることです。「伝えたい何か」を自分のなかで突きつめて考え明確にしておくと，そちらに意識が向いて，緊張が気にならなくなります。

最後に，失敗を恐れないことです。

だれでも最初から完璧にできる人はいません。小さな失敗を積み重ねることで，人前に出ることが怖くなくなり，いつの間にか大きな声で歌ったり話したりすることが，自然にできるようになるでしょう。

【早足うさぎ】

第2章
造形と表現

　幼稚園や保育園で，子どもは毎日のように絵を描いたり，紙を切ったり，貼ったり，破いたりして遊んでいます。そんな保育の日常のなかであたりまえのように行なわれている造形遊びも，ほんの少しくふうするだけで，今までとはちがった絵が描けたり，モノがつくれたりします。保育者のアイデアと環境のつくり方ひとつで子どもの表現の幅がぐっと広がるのです。
　「え?!　こんなことしてよいの？」
　「こんな場所がアートな場になってしまうの？」
　というような，驚きの遊び案満載です！

1 くるくるスクリュー ▶指導案7 P.38

　竹とんぼの形をした折り紙が宙に放り投げられると，くるくると回転してまっすぐ下にゆっくりと落ちていきます。折り方と切る箇所さえ覚えたら，ぴったりとはみ出さずに折れ，機能性はもちろんのこと，デザイン性にも優れています。まっすぐ落ちてくるので落下地点が予測しやすいです。紙コップでのキャッチもしやすくなり，小さな子どもでも簡単に参加できます。2階などの高い場所から下に落とすと盛り上がります。

ねらい
・はさみの使い方，紙の折り方をくふうする。
・空気の抵抗で回る紙のおもしろさを感じる。

対象年齢
4歳児以上

内容
・半分に切った折り紙に切り込みを入れたり，折ったりする。
・つくった作品を使ってみんなで遊ぶ。

準備物
半分に切った折り紙，ハサミ，プラカップ（プラスチック製のカップ）

つくり方
①半裁した折り紙を説明図のように切りこみを入れたり，折ったりする。
②プロペラ部分を左右に折り曲げる。
③宙に放り投げて遊ぶ。
④舞い降りてきたくるくるスクリューをプラカップでキャッチして遊ぶ。

指導上の留意点
・つくったおもちゃを宙に投げて遊べる十分な高さと広さを用意しておく。
・動きまわるのでケガのないように机や椅子，棚などをかたづけておく。
・体育館などを用意しておく。
・折り方やつくり方の指導がしやすいように机や座る配置をくふうする。

発展・応用
(1) 高いところから落下させると，滞空時間が長くなり下から見ていて楽しい。
(2) 5・6枚を重ねて，一気に投げても宙でバラバラになり，それぞれが回転しながら落下する。
(3) 落下地点に点数を書いた箱を置き，その箱に入れば得点となるゲームができる。

【青空ムッシュ】

第2章◎造形と表現

【くるくるスクリューつくり方】

① 切りこみを入れる　プロペラになる部分　折り目を入れる

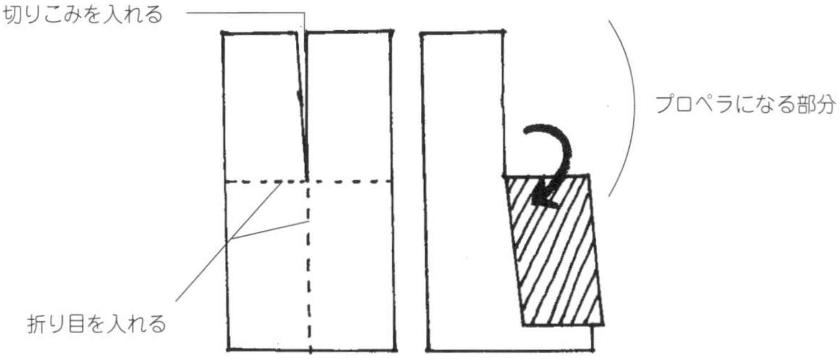

② 左図のように，中央で半分に折って折り目をつけて，元にもどす　正面

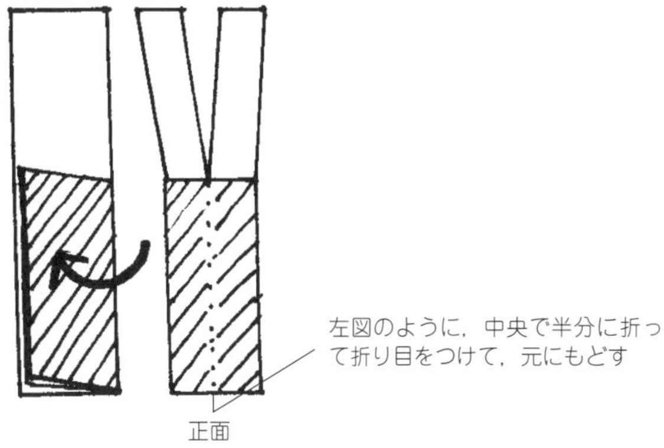

③ 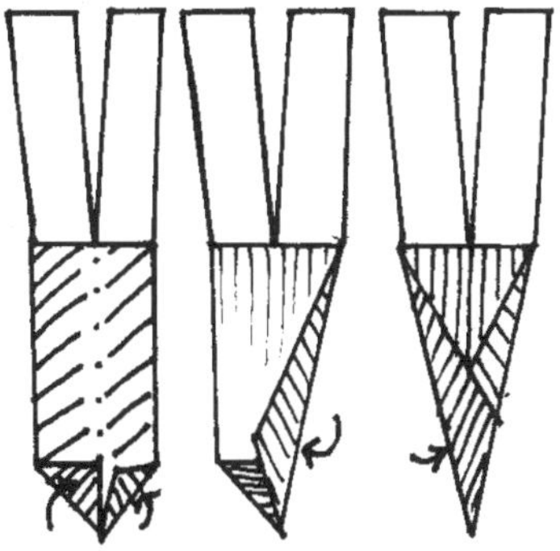 左右を図のように折る

④ 完成♡

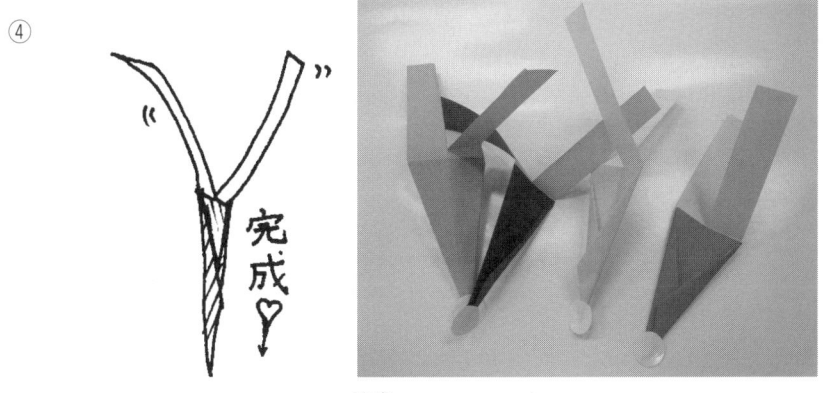

完成

2 くるくるハッチ ▶指導案8 P.39

　色とりどりの紙テープは美しく，見ているだけでもワクワクしてきます。その紙テープを丸めてホッチキスで止めるだけで動くおもちゃが簡単につくれます。正確には「宙を美しく舞うおもちゃ」といえましょう。これは自然界にある種からヒントを得ています。モミジの種も同じように落ちていく時に空気抵抗を受けてクルクル回転しながら飛んでいきます。遊びと科学を結び付けながら子どもたちと遊べたら最高ですね。またプラカップでキャッチして，得点をつけるとゲームとなりたいへん盛り上がります。チーム対抗戦だってできますよ。

ねらい
・動くおもちゃの魅力を感じる。
・紙を丸めたり，道具を使うことの難しさとおもしろさを感じる。
・どうすればもっとうまく飛ばせるのか，もっときれいに宙を舞うのかくふうする。
・つくったおもちゃを使って，他の遊びができないかを仲間と考える。

対象年齢
3歳児以上

内容
・紙テープを丸めて，輪の中央を重ねてホッチキスで止める。
・宙に投げる。
・ひらひらと宙に舞う紙の美しさやおもしろさを感じる。
・他の遊び方を考える。

準備物
紙テープ16cm，ホッチキス，プラカップ（透明のプラスチック製のカップ）

つくり方
①紙テープを輪になるように丸める。

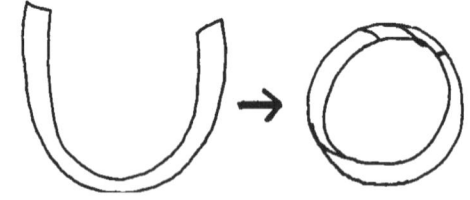

②輪が8の字になるように中央をホッチッキスで止める。

③宙に投げて遊ぶ。

指導上の留意点

- 動きまわるのでケガのないように机や椅子，棚などをかたづけておく。
- ホッチキスで止めるところが子どもには難しいので援助する。
- ホッチキスで止めた箇所は，ケガをしないようにテープを貼るなどする。

発展・応用

(1) 落ちてくる，くるくるハッチをプラカップでキャッチするゲームはとても盛り上がります。得点制，チーム対抗戦などにするのもよいでしょう。

(2) なにかのお祝いの時に紙吹雪代わりに使う。かたづけは紙吹雪よりも簡単です。

(3) 宙で開くくす玉をつくり，その中にくるくるハッチを50個以上入れます。それを上に放り投げると宙でくす玉が開き，くるくるハッチの花吹雪が舞い，とてもきれいです。パーティなどの演出にも使えますね。

【青空ムッシュ】

3 ミルクとんぼ ▶指導案9 P.40

　今や子どもたちのおもちゃといえばポータブルゲーム機やパソコンゲームが中心です。電気や電池を使うのが当然という現代では，ボタン一つ押すだけで，自分の力をほとんど使わず何でもできてしまいます。そんな今だからこそ自分の力でつくって，動かして，遊べるおもちゃは現代の子どもたちにとって新鮮かもしれません。つくり終わったら今度は「どうすれば，うまく飛ぶの？　高く飛ぶの？」「前に飛ばしたいときはどうすればいいの？」という疑問が出てきます。そして成功させるために試行錯誤します。それがまた楽しい。工作の醍醐味はそこにあるのです。昔からある竹とんぼの飛ぶ原理を体験する遊びです。

ねらい
・身近にある材料もくふうして使うと，おもしろいおもちゃができることを知る。
・回転させることによって宙に舞いあがっていく竹とんぼの原理を体感する。
・どうすればもっとうまく飛ばせるのか，もっと高く飛ばせるのかをくふうする。

対象年齢
3歳児以上

内容
・プロペラに油性ペンでデザインをする。
・プロペラを軸につけて曲げる。
・飛ばして遊ぶ。

準備物
牛乳パックの紙（幅2cm×長さ19cm），ホッチキス，はさみ，ストロー1本（口径6mm），油性ペン，新聞紙（下敷き）

つくり方
① プロペラ部分にデザインをする。
② プロペラ部分を半分に折る。
③ ストローを切断し，先端に1.5cmの切り目を2本入れて，図のようにする。

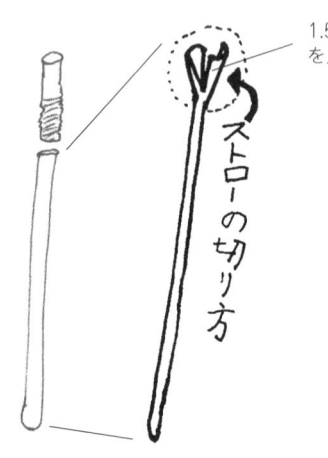

1.5cmの切り目を入れる。

ストローの切り方

④ストローの切り込みに半分に折ったプロペラをはさみ, ホッチキスで止める。

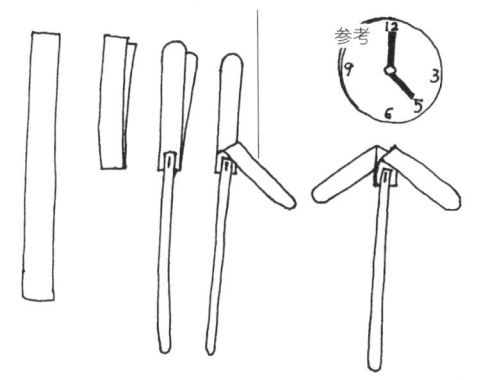

5時の角度に曲げる
参考

⑤プロペラを時計の5時の角度に曲げる。反対側も同じ角度に曲げる。
（注意）左利きの人は7時の角度に曲げる

　指導上の留意点　
・プロペラに油性ペンでデザインする時は机が汚れないように必ず新聞紙を敷きましょう。
・プロペラをホッチキスで止めるのが難しい時は援助しましょう。
・ホッチキスで止めた部分はケガをしないようテープを貼るなど配慮しましょう。
・プロペラを曲げる向きはとても重要で, 右利きと左利きでは曲げる角度がちがってきます。間違えると飛ばなくなるので注意しましょう。
・目にあたると危険なのでプロペラの四つ角は丸く切りとっておきましょう。

　発展・応用　
(1) もっと高く飛ばすにはどうすればよいか, 前に進むように飛ばすにはどうすればよいのか, 子どもたちといっしょにアイデアを出し合ってみましょう。
(2) 飛ばせるようになったら, 落ちてくるとんぼをキャッチすることをめざすように言葉をかけましょう。
(3) キャッチがうまくなったら2人組でパス&キャッチができることをめざします。何回続くかを競いあうゲームに発展させることもできます。

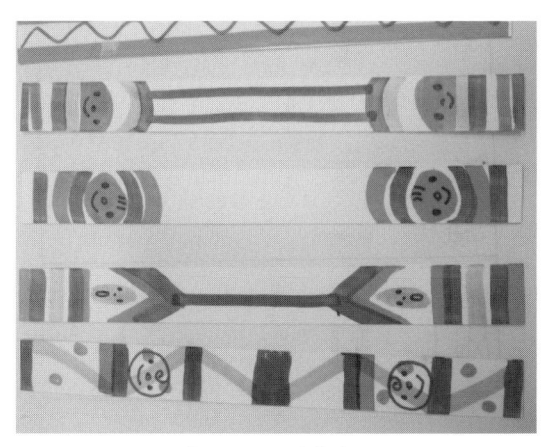

【青空ムッシュ】

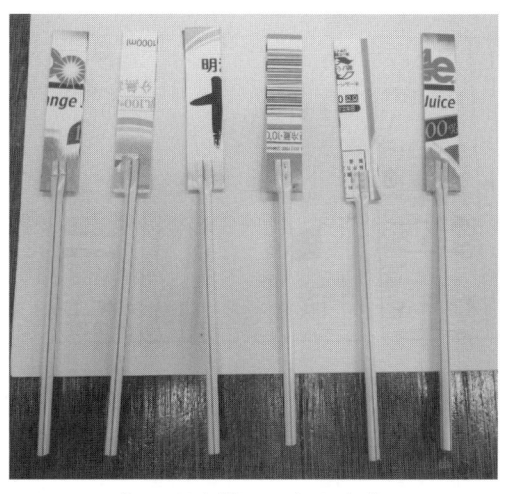

プロペラのデザイン　　　　　プロペラを軸につけて, 完成！

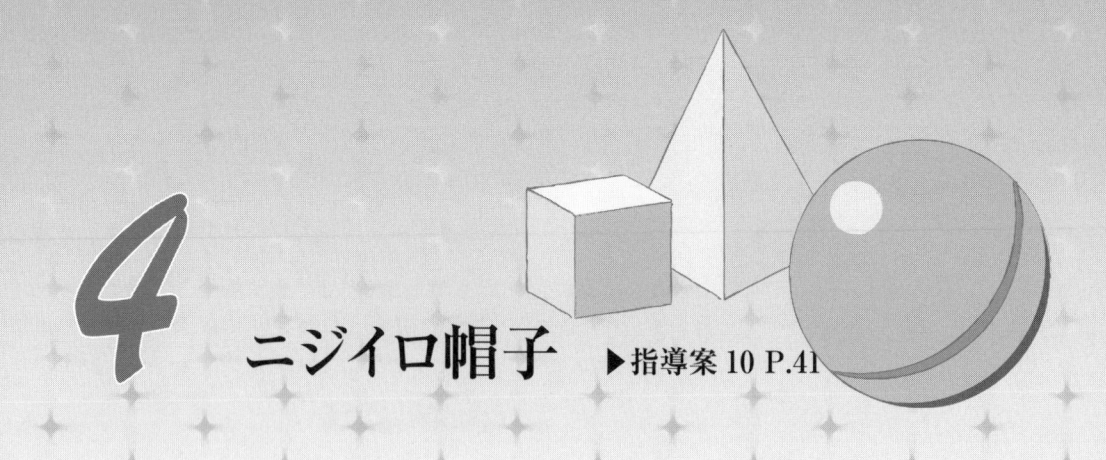

4 ニジイロ帽子 ▶指導案10 P.41

　美しい7色の虹は，まさに空がつくりだす芸術作品ですね。そんな色を自分でつくれたら感激するでしょうね。しかもそんな色の帽子をつくれたら……将来「僕はニジイロの帽子をつくる職人さんになる」という子ども出てきちゃうかもしれません。そんな素敵な帽子をみんなでつくってみましょう。
　水性ペンのインクが水に溶けてにじむ性質を利用すると，色に虹のような効果が見られます。みんなで「ニジイロ職人」をめざしましょう。

ねらい
・水性ペンのインクが水でにじむ不思議さを感じる。
・紙を折ることで立体になることを知る。

対象年齢
3歳児以上

内容
・コーヒーフィルターにデザインを描く。
・コーヒーフィルターで帽子の形をつくる。
・霧吹きで水をかける。

準備物
白い紙のコーヒーフィルター，水性ペン，霧吹き，新聞紙

つくり方
①コーヒーフィルターに水性ペンでデザインをする。
②コーヒーフィルターを帽子の形に折る。（ひさし部分を折り上げる）
③新聞紙の上に置いた帽子に，霧吹きで水をかけ，ペンの色をにじませる。
④乾燥させる。

指導上の留意点
・着色後に記名は難しいので製作前に鉛筆で書いておきましょう。
・絵の具が飛び散るので汚れてもよい服に着替えたり，エプロンを用意しましょう。
・にじみやすい色とにじみにくい色があるので，事前に確認しておきましょう。

発展・応用
(1) 帽子だけでなくTシャツや靴下の形にして行なうのもよいでしょう。
(2) 和紙で行ない，ブックカバーにすることもできます。
(3) 和紙に行ない，魚や動物や花の形に切って白い紙に貼るときれいです。

【青空ムッシュ】

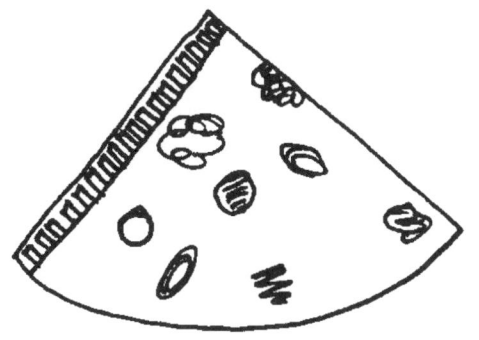

水性ペンでデザインする

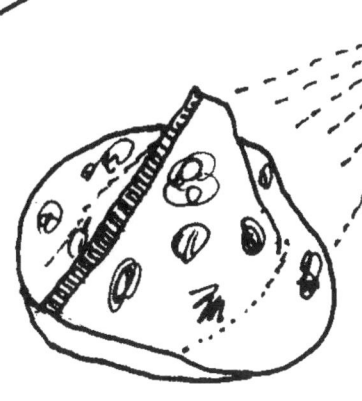

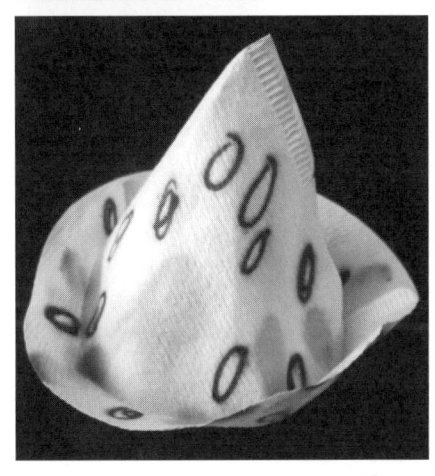

霧吹きでペンの色をにじませる

5 ぞうきんアタック ▶指導案11 P.42

「走っちゃダメ」とか「大声を出しちゃダメ」と何かと禁止の多い世の中です。そんな時だからこそ，思い切りものを投げつける経験をしようではありませんか。こんなことしてもいいの？　ということができるのがアートなのです！　この日ばかりは，ぞうきんを思い切り投げつけることを奨励しましょう。投げつけられたぞうきんから絵の具が画用紙に飛び散り，力強い痕跡が描かれます。さらに色を変えて投げつけることで，今度は画用紙上で混色が起こります。全身を使って自分を解放しながら，3原色を使った色づくりを体験することができるなんてすばらしいですね！

ねらい
・身体全体を使って思い切り自分を解放する。心地よさを味わう。
・3原色の混色を体感する。

対象年齢
3歳児以上

内容
・絵の具をしみこませたぞうきんを適度に絞る。
・画用紙にぞうきんを投げつける。
・色を変え，画用紙上の混色を楽しむ。

準備物
黒白画用紙（4つ切り），ベニヤ板（90cm×180cm），水で溶いた絵の具（赤・青・黄），ボウルかバケツを4つ（絵の具用3つ，手洗い用1つ），乾燥棚

つくり方
①白画用紙に名前を必ず記入しベニヤ板の上に置く。
②絵の具のついたぞうきんを適度に絞る。
③ぞうきんを広げて持ち，画用紙に思い切り投げつける（黄色）。
④画面の半分以上が黄色になるまでくり返し投げつける。
⑤ぞうきんと色を変え，投げつける（赤色）。
⑥3色め（青色）を気に入ったものになるまで投げつける。
⑦作品を乾燥棚へ自分で移動する。

指導上の留意点
・着色後に記名は難しいので始める前に書いておきましょう。
・絵の具が飛び散るので汚れてもよい服または水着を着用しましょう。
・絵の具の着色は明るい色から順（黄→赤→青）にすると混色がわかりやすいです。

・思い切り投げつけることは，楽しいことだという雰囲気をつくるよう心がけましょう。

> 発展・応用

(1) このまま飾るのもよいですが，一部分をはがきサイズ程度にトリミングして切り取り，額装し家に持ち帰ると，手ごろな大きさで家にも飾ってもらえるでしょう。

(2) 渦巻き型に切り取り，天井から糸で吊るすと動くオブジェになります。

(3) ぞうきんアタックでできたデザインを表紙にしてカードをつくり，友だちとプレゼントし合うのも楽しいでしょう。

【青空ムッシュ】

作業場

ぞうきんを投げつける

「どこに投げつけようかな？」

作品

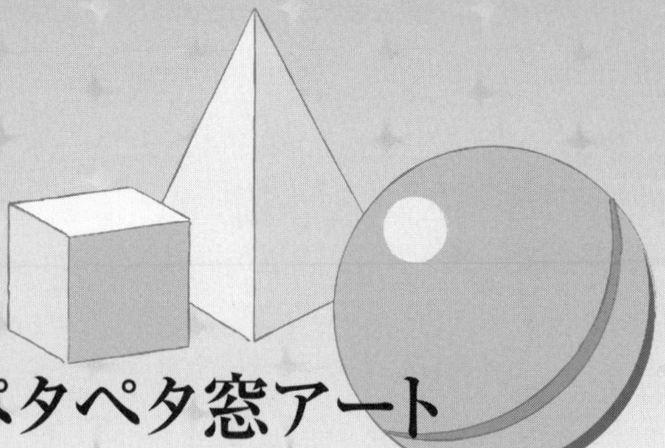

6 新聞紙でペタペタ窓アート

▶指導案12 P.43

　子どもたちは水で遊ぶのが大好きです。夏の暑い日ならなおさらです。また子どもたちはシールも大好きですね。好きすぎて使わぬまま大人になったという経験をもっている人は少なくないと思います。

　そんな「水とシール」を使った遊びを楽しめるのが「新聞紙でペタペタ窓アート」です。新聞紙に水をつけて窓ガラスに置くだけで，まるでシールのようにピタッとくっつきます。いろいろな形の新聞紙を用意しておけば積み木のように自由に組み合わせて窓ガラスに新聞紙絵を描くことができます。遊び終わったら新聞紙で窓を拭きながら集めるとガラスがピカピカになります。これはまさに遊びと知恵の結晶です。

ねらい
・いろいろな形に切った新聞紙を水につけ，窓に貼る絵を描いて楽しむ。
・水をつけた新聞紙が窓ガラスにシールのようにくっつく感触を楽しむ。
・形の組み合わせで何かをつくる想像の世界を味わう。

対象年齢
2歳児以上

内容
・好きな形の新聞紙パーツを取る。
・洗面器の水につけ窓ガラスに貼りつける。
・いろいろな形を組み合わせて絵を完成させる。

準備物
いろいろな形に切った新聞紙（○△□など好きな形），水，洗面器かトレー，窓ガラス

つくり方
①形別にトレーに分けられたいろいろな形の新聞紙のなかから好きなものを選んで取る。
②水を入れたトレーか洗面器で新聞紙を濡らす。
③濡らした新聞紙を窓ガラスに貼る。
④新聞紙を積み木のように使って絵を描く。
⑤絵を描き終わったら新聞紙を窓ガラス上で滑らせながら集める。

○△□⊞✣｜◯凸

指導上の留意点

- 活動する窓ガラスの前にじゃまになるものがないように整理しておきましょう。
- 窓ガラスに貼る時に水が腕を伝って服が濡れるので，濡れてもよい服で行ないましょう。
- 水を使うので，冬の寒い時期の活動は避けたほうがよいでしょう。

発展・応用

(1) 新聞紙ではなく，折り紙や色付きのコピー用紙を使うとカラフルになります。

(2) 水を薄めたのりに，窓ガラスを画用紙に代えて行なうと作品を残すことができます。

(3) 新聞紙を集めたら，お団子づくりをして楽しむことができます。

(4) 新聞紙を裂いたり，好きな形をつくってから貼るのもよいでしょう。

【青空ムッシュ】

新聞紙を水に浸す

窓に新聞をペタペタ貼る

指導案7　くるくるスクリュー			対象年齢：4歳児以上
子どもの姿	○身近にある紙や材料を使って製作を楽しむ姿が見られる。 ○友だちとつくったものでいっしょに遊ぶ姿が見られる。		
ねらいと内容	○動くおもちゃの魅力を感じる。 ○切ったり，折ったりする難しさとおもしろさを感じる。 ○どうすればもっとうまく飛ばせるのか，もっときれいに宙を舞うのかをくふうする。 ○つくったおもちゃを使って，他の遊びができないかを仲間と考えてみる。		

時間	環境構成	予想される子どもの姿・活動	実習生の援助と配慮
10：00	・つくったおもちゃを宙に投げて遊べる十分な高さと広さを用意しておく。 ・動きまわるのでケガのないように机や椅子，棚などをかたづけておく。	○実習生のまわりに集まって，つくり方，遊び方の説明を聞く。	・おもちゃを胸ポケットやペン立てから，そっと出して何をするものかを質問してみる。 ・いくつか子どもから答えが出たところで，プロペラを広げて見せる。 ・答えが出尽くしたところで「では，やってみましょう！」と言って宙に投げる。
10：05	・体育館などを用意しておく。 ・折り方やつくり方の指導がしやすいように机や座の配置をくふうする。 ［準備物］ ・半裁した折り紙 ・はさみ ・プラカップ	○つくる ・材料をもらい保育者の真似をしてつくっていく。 ・折るところ，切るところをよく見てつくっていく。 ・名前を書く。	・一つひとつの作業がおもしろくて興味がわくように楽しい雰囲気で進めていく。 ・「こうして」という漠然とした表現は使わずに，「横半分に」とか「半分まで切ります」など，子どものイメージしやすい言葉を選ぶ。 ・伝えにくいところは子どもの所まで行って教える。 ・なぜ飛ばないのか，一人ひとりの癖を見極めてアドバイスする。
10：20	○つくり方 ・半裁した折り紙を折ったり，切ったりする。 ・プロペラ部分を右左に折る。	○遊ぶ ・実習生のやり方を真似して，広い場所で飛ばす練習をする。 ・投げ方のコツを掴む。 ・だれが1番長く飛ぶかを競争する。 ・プラカップを使う遊び方を考える。	・高いところから落とすと滞空時間が長くなりよりいっそう楽しめるので，いい場所があればそこから落とし，下でキャッチするゲームをしてもいい。 ・他にどんな遊び方があるか子どもたちに考えるように言葉かけをする。
10：30	○遊び方 ・くるくるスクリューを宙に投げて，回転しながら落ちてくるのを見て楽しむ。 ・落ちてくる，くるくるスクリューをプラカップでキャッチして遊ぶ。	○かたづけ ・本やファイルにはさんで帰るとよい。	

指導案8　くるくるハッチ			対象年齢：3歳児以上
子どもの姿	○身近にある紙や材料を使って製作を楽しむ姿が見られる。 ○友だちとつくったものでいっしょに遊ぶ姿が見られる。		
ねらいと内容	○動くおもちゃの魅力を感じる。 ○紙をまるめたり，道具を使うことの難しさとおもしろさを感じる。 ○どうすればもっとうまく飛ばせるのか，もっときれいに宙を舞うのかくふうする。 ○つくったおもちゃを使って，他の遊びができないかを仲間と考える。		

時間	環境構成	予想される子どもの姿・活動	実習生の援助と配慮
10：00	・つくったおもちゃを飛ばして遊べる十分なスペースを用意しておく。	○実習生のまわりに集まって，くるくるハッチを見て，つくり方，遊び方の説明を聞く。	・おもちゃを紙袋から，そっと出して何をするものか質問してみる。 ・いくつか子どもから答えが出たところで「では，やってみましょう！」と言って宙に投げる。
10：05	・動きまわるのでケガのないように机や椅子，棚などをかたづけておく。 ・折り方やつくり方の指導がしやすいように机や座る配置をくふうする。 [準備物] ・紙テープ 16cm ・ホッチキス ・プラカップ	○つくる ・16cmの長さに切った紙テープを1枚ずつもらう。 ・紙テープを丸めて持つ。 ・8の字にして持つ。 ・保育者にホッチキスを止めてもらう。 ・名前を書く。	・一つひとつの作業がおもしろくて興味が出るように楽しい雰囲気で進めていく。 ・「こうして」という漠然とした表現は使わず「丸く」や「数字の8」など，子どものイメージしやすい言葉を選ぶ。 ・紙がずれるので，整えてホッチキスで止める。
10：10	○つくり方 ・紙テープの端と端を重ねて丸い輪をつくる。 ・輪が8の字になるように中央をホッチキスで止める。 ○遊び方 ・くるくるハッチを宙に投げてひらひらと舞いながら落ちてくる紙の美しさを楽しむ。	○遊ぶ ・実習生のやり方を真似して，宙に投げる。 ・紙の美しさに喜び，何度も投げる。 ・長い時間舞うことを競い始める。 ・プラカップを使ってキャッチしてみる。 ・みんなの作品を集めてまとめて宙に投げる。	・子どもは背が低い分，滞空時間が短いので2階や高い場所から落とすと盛り上がる。この場合，安全性をしっかり見極めて活動を決定する。 ・遊び方を決めつけず，子どもたちの遊び方から新しい遊び方を引き出すように心がける。 ・実習生が投げたくるくるハッチをあらかじめ用意しておいたプラカップでキャッチさせる。キャッチが難しい子どもには低い場所から落としてあげる。 ・カゴに全員のくるくるハッチを入れ，子どもたちの頭上で宙に投げる。
10：20	・くるくるハッチをプラカップでキャッチして遊ぶ。	○かたづけ ・かばんに入れて持ち帰る。 ・折れ曲がっても指で戻せるので家に帰ってる。	・量を増やすことで見え方，感じ方が変わることを伝え，他に遊び方はないかを考える雰囲気をつくり出す。

指導案9　ミルクとんぼ　　　　　　　　対象年齢：3歳児以上

子どもの姿	○身近にある紙や材料を使って製作を楽しむ姿が見られる。 ○友だちとつくったものでいっしょに遊ぶ姿が見られる。
ねらいと内容	○回転をつけることによって宙に舞いあがっていく竹とんぼの原理を体感する。 ○身近にある材料もくふうして使うと、おもしろいおもちゃできることを知る。 ○どうすればもっとうまく飛ばせるのか、もっと高く飛ばせるのかをくふうする。 ○つくったおもちゃを使って、他の遊びができないかを仲間と考えてみる。

時間	環境構成	予想される子どもの姿・活動	実習生の援助と配慮
10：00	・つくったおもちゃを飛ばして遊べる十分な高さと広さの場所を用意しておく。 ・動きまわるのでケガのないように机や椅子、棚などをかたづけておく。 ・折り方やつくり方の指導をしやすいように机や座る配置をくふうする。	○実習生のまわりに集まって、つくり方、遊び方の説明を聞く。 ・空飛ぶものの話をする。飛行機、鳥、凧など……	・おもちゃを胸ポケットやペン立てから、そっと出し、これは何をするものか質問してみる。 ・子どもからいくつか答えが出たところで、プロペラを広げて見せる。 ・答えが出尽くしたところで「では、やってみましょう！」と言って飛ばしてみる。 ・一つひとつの作業がおもしろくて興味がわくように楽しい雰囲気で進めていく。 ・「こうして」というような漠然とした表現は使わず「お父さん指の太さくらい」とか「ストローの曲がる部分」「時計で5時の針の方向」などの、子どものイメージしやすい言葉を選ぶ。
10：10	[準備物] ・牛乳パックの紙 ・ホッチキス ・ストロー1本 ・油性ペン ・新聞紙（下敷き）	○つくる ・材料をもらい保育者の真似をしてつくっていく。 ・プロペラに油性ペンでデザインをする。 ・名前を書く。 ・プロペラを軸につけて曲げる。	・長さや角度の伝えにくいところは一人ひとりの子どもに伝えるようにする。 ・なぜ飛ばないのか、一人ひとりの子どもの様子を見ながら一緒に考える。 （注意）プロペラを曲げる角度と、とんぼを回転させる手の動きが重要になる。
10：30	○遊び方 ・くるくるトンボの軸を両手のひらで持ち回転をかけて飛ばす。 ・落ちてくるくるくるトンボをキャッチして遊ぶ。	○遊ぶ ・実習生のやり方を真似て、広い場所で飛ばす練習をする。 ・とんぼを回転させるコツを掴む。 ・だれが1番長時間飛ばせるか競争する。 ・だれが1番遠くへ飛ばせるかを競争する。 ・2人組でとんぼのパス＆キャッチ遊びをする。 ・床に置いたいくつかの箱にとんぼを入れるゲームをする。	【角度】 右ききの子）　5時の短針の方向に曲げる。 左ききの子）　7時の短針の方向に曲げる。 【手の動き】 右ききの子）　右手を前に出して回転させる。 左ききの子）　左手を前に出して回転させる。 ・上に飛ばす方法や前に飛ばす方法を示す。 ・飛ばせるようになったら、落ちてくるとんぼをキャッチすることをめざすように言葉かけをする。 ・キャッチがうまくなったら2人組でパス＆キャッチができるようにうながす。
10：40		○かたづけ ・かばんに入れて持ち帰る。 ・本やファイルにはさんで帰るとよい。	

指導案10　ニジイロ帽子			対象年齢：3歳児以上
子どもの姿	○身近にある紙や材料を使って製作を楽しむ姿が見られる。 ○友だちとつくったものでいっしょに遊ぶ姿が見られる。		
ねらいと内容	○水性ペンで描いたデザインが水でにじむ不思議さを感じる。 ○紙を折ることで立体になることを知る。		

時間	環境構成	予想される子どもの姿・活動	実習生の援助と配慮
10：00	・霧吹きの水が飛び散っても大丈夫なように新聞紙などを敷いておく。 ・つくり方の指導がしやすいように机や座る配置をくふうする。	○実習生のまわりに集まって，つくり方，遊び方の説明を聞く。	・手品をするなどして，不思議な世界を見せる。 ・「今日はもっと不思議なことが起こりますよ〜」と言って，ニジイロ帽子を取り出す。 ・あらかじめデザインしておいた水性ペンの部分に霧吹きで水をかける。 ・にじむことに感動している子どもたちが自分たちもつくりたくなるように言葉かけをする。
10：05	[準備物] ・白い紙のコーヒーフィルター ・水性ペン ・霧吹き ・新聞紙	○つくる ・コーヒーフィルターに名前を書く。 ・材料をもらい保育者の真似をしてつくっていく。 ・コーヒーフィルターに水性ペンでデザインする。	・コーヒーフィルターを配り記名する。 ・水をかけるので机の上に，新聞紙かシートを敷く。
10：15		・へりを折ってひさしをつくり，帽子にする。 ・霧吹きで帽子に水を吹きかける。 ・乾燥棚へ持っていく。	
10：25		○かたづけ ・汚れた新聞紙を片づける。	・棚の位置がすぐにわかるようにしておく。 ・子どもに伝わりやすい言葉を選ぶ。 ・汚れた新聞紙をどこに直すのか，きちんと知らせておく。
10：35	○飾り方 ・飾れるような棚や箱を用意する。 ・帽子をかぶらせる人形をつくって飾る。	○飾る 翌日 ・実習生のやり方を真似して，頭にかぶってみる。 ・人形やぬいぐるみにかぶせてみる。 ・帽子屋さんのように棚に置いたり，天井から吊ったりして飾ってみる。	・どんな飾り方があるか，子どもたちに質問し，アイデアがでるようにする。

指導案11　ぞうきんアタック			対象年齢：3歳児以上
子どもの姿	○身体を動かして友だちと遊ぶことを楽しんでいる。 ○身近な素材を用いて製作を楽しんでいる。		
ねらいと内容	○思い切り投げつけること，それによって表出する表現を発見する。 ○予想外にできる混色のおもしろさを感じる。		
時間	環境構成	予想される子どもの姿・活動	実習生の援助と配慮
10：00	・絵の具が飛び散るので屋外で製作場所を用意する。 ・水を流して掃除できる場所を用意する。 ・子どもたちは汚れてもよい服装になる。 ・できた作品を乾燥させる棚や場所を準備しておく。 ［準備物］	○実習生のまわりに集まって，つくり方，遊び方の説明を聞く。 ・できた作品の美しさに驚く。 ・保育者の説明が聞きやすく，見えやすい場所に移動する。	・画用紙とぞうきん，絵の具を見せ，「今日はこの2つを使って作品をつくります」「どうやってつくると思う？」など言って，想像させてみる。 ・完成した作品を見せる。 ・実際にぞうきんアタックを行なってみる。 ・黄→赤→青の色順で進める理由も伝える。 （明度の高い色はあとから重ねるとめだたない） ・絵の具が飛び散ることを伝える。 ・はじめに絵の具の飛沫を浴びることで，抵抗感をなくす。
10：08	・記名済みの四つ切の白画用紙を人数分。 ・ぞうきん9枚 （各色3枚ずつ） ・大きなボール3個 （各色1個ずつ） ・水で溶いた絵の具（赤・青・黄） ・ベニヤ板1枚 （注意） 溶き絵の具の濃度は事前に試して色の具合を見ておくこと。	○つくる ・材料をもらい保育者の真似をしてつくっていく。 ・ぞうきんを思い切り投げつけ，喜ぶ姿が見られる。 ・画用紙上で絵の具が自然と混色されているのを楽しんでいる。	・3人ずつ前に出るように伝える。 ・他の人は周りから見られるように配置する。 ・手順を覚えるように，言葉かけをする。 ・思い切り投げられるように雰囲気を盛り上げる。 ・「ヨイショ～！」などみんなで掛け声をかけるのもよい。 ・画用紙上の隙間がうまる程度まで投げつけるように言う。
10：30	○つくり方 ・地面に引いているベニヤ板の上に画用紙を3人分のせる。 ・黄色の絵の具にぞうきんを浸し，軽く絞る。 ・ぞうきんを画用紙に向かって力強くたたき付ける。 ・同じように赤→青の順番で行なう。 ・乾燥させる場所に置きに行く。	○かたづけ ・できた作品を乾燥させる棚や場所に置く。 ・絵の具の付いた身体の箇所を洗う。	・ベニヤ板，ぞうきん，ボールを洗うグループに分けてかたづけるよう伝える。

指導案12　新聞紙でペタペタ窓アート			対象年齢：2歳児以上
子どもの姿	○さまざまな素材に興味をもち，関わって遊ぶ姿が見られる。 ○友だちと考えを出し合い，くふうして遊ぶ姿が見られる。		
ねらいと内容	○いろいろな形に切った新聞紙を水につけ，窓に貼って絵を描いて楽しむ。 ○水をつけた新聞紙が窓ガラスにシールのようにくっつく感触を楽しむ。 ○形の組み合わせで何かをつくる想像の世界を味わう。		

時間	環境構成	予想される子どもの姿・活動	実習生の援助と配慮
10：00	・活動する窓ガラスの前にじゃまになるものがないように整頓する。 ・長時間水を扱うので暑い季節に行なう。 ・新聞紙を形別にカゴなどに分け入れる。 ［準備物］ ・いろいろな形に切った新聞紙（○△□など好きな形） ・水 ・洗面器かトレー ・窓ガラス	○実習生のまわりに集まって，活動内容や方法の説明を聞く。 ・身近にある素材で何ができるのか興味をもって話を聞く。	・新聞紙のパーツを何種類かあらかじめ切っておく。 ・新聞紙のパーツを画用紙に貼ってつくった絵を見せて興味がもてるようにする。 ・画用紙ではなく，窓ガラスに貼れることを示す。 ・「では，やってみましょう！」と言って保育者が窓ガラスで試してみる。 ・はじめは水をつけずにやり，新聞紙が窓ガラスにくっつかないことを示す。 ・次に水をつけてから窓ガラスに置くと，くっつくことを示す。
10：08	○つくり方・遊び方 ・好きな形の新聞紙パーツを取る。 ・洗面器の水につける。 ・窓ガラスに貼りつける。 ・いろいろな形を組み合わせて絵を完成させる。	○つくる・遊ぶ ・喜んで好きな形の新聞紙を選び取る姿が見られる。 ・新聞紙を水につけることを楽しむ。 ・濡れた新聞紙が窓にペタッとくっつく感覚を楽しむ。 ・いくつかの形を組み合わせることで，車や家や花，動物あらゆるものがつくれることを発見する。	・つくりながら話しかけてくる子どもの話を聞き，想像力を増すようにする。 ・くっつくことを体験する子どもたちの喜びを共感する。 ・手の止まった子どもがいたら，別の形の新聞紙を渡してみる。
10：30	○かたづけ ・窓に貼りつけた新聞紙を集めながらガラスを拭く。 ・新聞紙で汚れを拭き取り，新聞紙の油分を窓につけることで，窓ガラスを美しく保つことができる。（昔の人の知恵も学ぶ）	○かたづける ・窓についた新聞紙を横に滑らせながら集める。 ・窓ガラス上で新聞紙を集めながら窓を掃除していることを知る。 ・遊んでいるようで掃除している，お手伝いしている不思議な感覚を覚える。	・新聞紙で窓ガラスを拭くときれいになることを伝える。 ・新聞紙を集めるのではなく，新聞紙で窓ガラスを磨くように言う。 ・片づけること，掃除することを楽しく行なえる雰囲気をつくり，声をかけていく。 ・集めた新聞紙を丸めるとお団子になる。次の遊びに変化していく予想をもち，ビニール袋やトレーを用意しておく。

コラム3

不器用で絵を描いたり物をつくったりするときにセンスがないと感じてしまいます。

わかりますその気持ち。うまくいかないうえに、他の人の作品がよく見えるのですよね？

そもそも「器用ってなに？ センスってなに？」器用な人は絵の具をムラなく塗れ、工作も手早くきれいに仕上げます。センスのある人はきれいな配色で壁面をつくり、アイデアもたくさん浮かびます。正直に言います。私がみなさんを今からプロの芸術家にさせることはできないと思います。しかし、どんな人も不器用さを解消し、センスを磨くことは可能なのです。

まずは器用さの話。絵の具を塗る時、筆に適度な水分を含ませて塗ると、紙の上を気持ちよく滑りうまく塗ることができます。工作で厚紙を折る時、ボールペンやハサミの先で折り目に線を入れると、きれいに折れます。それを知らないとうまく折れません。つまり絵の具をムラなく塗れる人は、絵の具と水の最適量、筆の運び方を知っている。工作をきれいに仕上げる人は、紙や接着剤、道具の性質を理解しているだけ。つまり不器用だと思っている人は「できないのではなく、知らないだけ」なのです。ですから、「知って行ない、行なって知る」をくり返せば、あなたも必ず器用になれるのです。

次にセンスの話。センスはみんなちがっていいのです。同じだったら好きな人までいっしょになって、争いが絶えないでしょう？（笑）ただ配色センスを磨き、アイデアを増やすことはできます。買い物に行ったら次のことを意識してみてください。ディスプレイの服とアクセサリー、ベルト、靴の組み合わせ方。食事に行ったら食べる前にお皿と盛り付けの色のバランス。そしてどの店も店内のレイアウトや配色に特色を出しているので勉強になるはずです。センスを磨くチャンスは身のまわりにたくさんあります。いろいろなものを意識してみることでセンスは磨かれてアイデアは増えていきます。

【青空ムッシュ】

コラム4

子どもが絵を描いたり製作したりしているとき、その表現をどのように認めるべきですか。

絵画や製作は、子どもにとって生活のなかで自由に自分を表現できる楽しい活動です。できあがった作品への喜びもありますが、まずは表現すること自体が嬉しい行為でしょう。集中して十分に自分を表現できた子どもは、それだけで満足するので、作品を見たときにやみくもに褒めるということは、しなくてよいと思います。

ですが、自分の表現をまわりの人（保育者や親や友だち）が受けとめてくれ、共感してくれると、その喜びは倍増します。作品ができると「みて！みて！」と大人をよびます。その時に「素敵だね」「ここがいいね」と肯定的な言葉をかけると、子どもは「もっとやってみよう」という気持ちになるものです。

実際、製作物や絵画などの善し悪しを評価するのはとても難しいことです。人によって、いろいろな見方ができるからです。素直に素敵だなと思う作品もあるし、もう少しこうしたらもっと素敵なのに……と感じる場面もあるでしょう。ですが保育者は、できるだけ肯定的にその作品を見ることがたいせつです。そして、そこに表われた子どもの「お話」を、心を込めて聞くようにしてみましょう。たとえば夏休みをふり返った絵であれば、嬉しかった、楽しかったという気持ちを子どもから聞いて、その気持ちを共有するのです。野菜や果物の絵であれば、「お庭で取れた野菜なの？ 本当においしそうね」というように肯定的に言葉をかけます。製作でたいへんだったところがあれば、そこを聞いて「難しいところをよく慎重につくったね」「長い時間かけてつくっていたね」とそのつくる過程を評価します。

製作や絵画の活動は、日ごろの保育が問われますが、それは上手とか下手という評価の基準ではないのです。見栄えを意識しすぎず、作品から表われる新たな子どもを発見する気持ちで認めていくとよいでしょう。

【早足うさぎ】

第3章

言葉と表現

　「言葉と表現」というと「文字を書く練習をする」と考える人もいるかもしれませんが，日常の遊びのなかにこそ，子どもが言葉に興味をもつヒントは隠されています。

　子どもの言葉の世界がどんどん広がっていくような遊び。それには，子どもが言葉に興味・関心がもてるようなくふうや保育者の意識的な働きかけが重要となります。

　なぞなぞや絵カードのように，日常の保育のなかで行なわれている言葉遊びも，音楽や造形的な遊び，あるいは身体をいっぱい使った遊びをともなったり，ひとくふうしたりするだけで，言葉に対する興味・関心はいっそう増すでしょう。

　たいせつなことは「手間を惜しまない」ことです。コツコツコツコツ準備をして，子どもたちの言葉の世界を広げてあげましょう！

1 絵カードでお話しよう ▶指導案13 P.58

　3歳をすぎると，少しずつルールを守ることができるようになり，ルールのある遊びを楽しめるようになります。

　絵カードを使った簡単なゲームですが，カルタ遊びのような楽しさが味わえます。保育者が即興でお話をつくるところがポイントです。参加する子どもの発達や言葉の獲得レベルに合わせてゲームの難易度を変えることができます。

ねらい

・実習生の言葉を注意深く聞く。
・言葉を聞いて，絵カードの絵と結びつけることを楽しむ。
・簡単なルールがある遊びを楽しむ。

対象年齢

2歳児～3歳児以上

内容

・実習生の言葉を聞いて，お話に合った絵カードを探して取る。

準備物

絵カード（15枚くらい）

遊び方

・生活用品や食べ物など，子どもたちがよく知っているものを絵カードにします。
・カルタのように読み札にある決まった文言を読み上げるのではなく，実習生が絵のカードにちなんだ言葉やお話を即興でします。
（たとえば，バケツの絵カードの場合，「赤いバケツ」「これからお掃除します」「汚れているところはどこですか？」など）
・どのカードかがわかった子どもは，該当するカードを取ります。
・取れなかった子は取られたカードを友だちに「見せて」とお願いして正解を知り，納得します。
・勝つ喜びだけでなく，頭の中で絵カードと言葉を結びつける作業を，それぞれの子どもがお話を聞くような感覚で楽しみます。

指導上の留意点

・カードの取り合いになることもありますが，「どっちがさきに取ったか」を冷静に判断して，衝突することなく，ルールに沿った遊びを継続することができるように援助していきましょう。
・カードは，日常で使用するもの，散歩で出合うものなどを中心にして，わかりやすく描くように心掛けましょう。

・同じカードでも毎回ちがうお話をつくることができるので，子どもたちもそのつど，保育者の言葉をよく聞いて考えることができます。

発展・応用

・取ったカードのお話の続きを言える子は，お話の続きをつくっても楽しいでしょう。
（たとえばバケツの絵カードであれば「私はこれからテーブルをお掃除します」など）
・4〜5歳児は，自分でお話をつくって出題者になってもよいでしょう。
・園にある「いろはかるた」などを利用して遊んでもよいでしょう。

【早足うさぎ】

2 詩を楽しもう ▶指導案 14 P.59

理解できる言葉や話せる言葉が多くなってくる時期に，身近なものをテーマにした詩を子どもたちといっしょに楽しんでみましょう。まだ1人だけで詩を唱えることは難しいですが，保育者の言葉のサポートや絵の助けを借りながら，詩の世界を自分のものにしていきます。やさしい声で，ゆっくりと何回も詩を唱えていくと，子どもたちも自然と覚えていくでしょう。

ねらい
・詩の世界をとおして，言葉のもつリズムや心地よい響きを感じる。
・詩を唱えて，イメージを広げ，想像力を育てる。

対象年齢
1歳児以上

準備物
詩のストーリーが描かれた紙コップ

遊び方
・低いテーブルなどを使って，簡単なシアターをつくる。
・絵が描かれた紙コップを並べておく。
・見せながら，詩を唱える。
・何度も聴き入ったあと，保育者の言葉に合わせて子どもが演じる。

指導上の留意点
・詩のイメージが具体的になるように，身近なものをテーマにしましょう。
・詩のなかに出てくるものをわかりやすい絵で表現し，視覚的援助によって，子どももその詩を唱えやすくなるようなくふうをしていきましょう。

発展・応用
・コーナーに，絵が描かれた紙コップやペープサートなどを置いて自由に表現できるようなくふうをすると，遊びのなかで子どもたちは詩を唱えることを楽しみます。
・子どもたちの日常や，行事の思い出を詩にしても，楽しいでしょう。

【早足うさぎ】

【紙コップシアターの例】

> 詩「ミルクをのむとぼくになる」[1]
> 　　　　　　　　　（与田準一）
> ミルクをのむとぼくになる
> たまごをたべるとぼくになる
> やさいをたべるとぼくになる
> パンをたべるとぼくになる
> おかしいな　おかしいな
> たべるはしからぼくになる

「ぼくになる」のフレーズで紙コップをひっくり返して「ぼく」の絵にします。

ひっくりかえす前

ひっくりかえして「ぼく」になる

---

1) 羽仁協子（編）　ちいさい子とお母さんのための詩集　ミルクをのむとぼくになる　2004　コダーイ芸術教育研究所

3 にぎろかな，すてよかな

▶指導案15 P.60

裏返しになったカードを，保育者のヒントを頼りに想像し「握ろうか」「捨てようか」を考えます。歌のリズムに合わせて，ゲーム感覚で楽しめる遊びです。

ねらい
・実習生の言葉（ヒント）を注意深く聞いて，イメージを膨らませる。
・ヒントを頼りに「何かな？」と考え，自分が好きなものかきらいなものかを判断することを楽しむ。

対象年齢
3歳児以上

準備物
・画用紙に子どもが好きそうなものと，きらいなものをわかりやすく書いておく。（8枚くらい用意する）

遊び方
・黒板などがあれば，磁石で画用紙を裏返しにして（絵が見えないようにして）貼っておく。（ホワイトボードを利用したり，パネルシアターにしてもよい）
・子どもたちに歌を伝える。
（ぐっぐっぐ～とにぎろかな，ぱっぱっぱ～とすてよかな，どっちにしようかな）
・並んでいる中から一つの画用紙を選び，「さあ，このカードには何が描いてあるかな？」と問いかける。
（どれにしようかな～と歌いながら選ぶと楽しい）
・そのカードについてのヒントを出す。
たとえばリンゴの場合，「赤い物です」「丸い物です」「木に成っています」など。
・子どもたちは，歌の最後に「ぐう」か「ぱあ」を選んで出します。ぐうは，握りたいもの（好きなもの），「ぱあ」は捨てたいもの（いやなもの）。

指導上の留意点
・絵を描くときに，子どもが好きなものか，きらいなものか，はっきり分かれるものにしましょう。
（好きなもの……お菓子，ケーキ，おもちゃなど。 きらいなもの……おばけ，へび，かみなり，鬼など）
ロボット，時計など，好きなものか，きらいなものかがはっきりしないカードを用意してしまうと，正解がわかった時の反応が盛り上がらず，ゲームがおもしろくなくなってしまいます。

> **発展・応用**

・慣れてきたら子どもがヒントを考えて、出題者になってみるのも楽しいでしょう。

【早足うさぎ】

にぎろかな，すてよかな

ぐっ ぐっ ぐー と　にぎ ろ か な　ぱっ ぱ ぱー と　す て よ か な

どっ ち に し よ う か　な

4 名前のなかに何がある？

▶指導案 16 P.61

　この活動は，身近なモノの名前を一文字ずつ分解し，それを組み合わせてちがう言葉をつくるゲームです。年長になると，子どもは文字に対する興味が出てきます。遊びのなかでも文字を読んだり，文字で表現しようとしたり，文字と関わる経験も増えてきます。文字を直接教えるということではなくても，簡単なゲームを楽しむなかで，文字に対する興味をより深めていくことができます。まだ個人差が大きい時期ですので，どの子どもの楽しめるような配慮が必要になります。

ねらい
・言葉遊びを楽しみ，文字に興味をもつ。

対象年齢
5歳児以上

内容
・身近なモノの名前がいくつかの文字の組み合わせでできていることに気づく。
・文字の組み合わせを探して言葉をつくる。
・組み合わせた言葉を発表する。

準備物
ペープサート：
　車⇒熊・丸
　すいか⇒イカ・貝，椅子
　人参⇒虹
　新幹線⇒鹿
　とうもろこし⇒牛，白
　アイスクリーム⇒栗，アリ
　すべり台⇒リス・椅子

など

遊び方
①ペープサートに描いてある絵を見てその名前（くるま）の文字を組み合わせて，ちがう言葉（くま・まる）を探します。

②はじめは声を出して「く」「る」「ま」と一音ずつ言ってから，組み合わせていきます。慣れてきたら，声を出さずにやります。

③いろいろな答えがでたら，ペープサートを返して答え合わせをします。

④自分の名前の文字を組み合わせてできる言葉を探します。（いまいくにえ⇒いえ，にく，くまなど）

⑤組み合わせてできる言葉をクイズ形式で発表し，みんなで答えを考えます。

指導上の留意点
・ペープサートで例を示しながら，やり方をわかりやすく説明します。

・一人ひとりの子どもの反応を受けとめ，わかった子どもには，ちがう組み合わせを考えるように伝えます。なかなか言葉を見つけられない子どもには，ペープサートに書いてある文字に注目させたり，最初の文字を知らせたりしてヒントを出していきましょう。

・自分の名前の文字でできない場合は，先生や友だちの名前で探してみるようにします。

発展・応用

・50音文字カードや文字スタンプなどを準備し，文字を組み合わせて言葉づくりを楽しみます。自分で文字を書くことは難しくても，カードやスタンプなどを用いると，どの子どもでも言葉づくりを楽しむことができます。

・頭文字のつく言葉を探すゲームや，言葉から文をつくってカルタづくりなどに発展できます。

・クイズを出すときに，みんなで歌を歌いながら出すと盛り上がるでしょう（楽譜参照）。

【くにぷー】

ペープサート　展開①
「くるま」のなかには何の言葉がある？

ペープサート　展開②
右側を開く
「くま」を出す

ペープサート　展開③
左側を開く
「まる」を出す

ことばのかくれんぼ

作詞：今井邦枝
作曲：岡本拡子

こと ば ー の か く れん ぼ　なに が
か くれ て る ー か な　さが し て ご らん
み つけ て ご らん よ ー よ ー く かん が え よ

5 なぞなぞボックス ▶指導案17 P.62

　「なぞなぞ」は，言葉遊びの一つです。問題を聞いてあてはまる言葉を考えて答えるという単純な遊びですが，簡単なものからちょっとひねりがあるものなど，子どもがとても夢中になる遊びです。はじめは答えるだけだったのが，自分なりに問題をつくって「……ってなんだ？」と問題を出したり，他の子どもに答えてもらうことを楽しむ姿も見られます。問題からその答えとなる言葉を考え出すことも，問題を考えてつくっていくことも，言葉の発達のうえでたいせつな経験になります。この活動は，パネルシアターを使い，視覚的なヒントを加えたなぞなぞです。絵人形を使うことで，どの子どもにもわかりやすく，子どもが問題をつくる活動にも展開しやすいものです。

ねらい
・言葉から想像したり，想像したものを言葉で表現したりして楽しむ。

対象年齢
3歳児以上

内容
・パネルシアターを楽しむ。
・なぞなぞのヒントから答えを想像する。
・自分の思ったことを言葉で表現しようとする。

準備物
パネルシアター用パネル板
パネルシアター絵人形
「食べ物」の箱：すいか・イチゴ・アイスクリーム・ケーキ
「動物」の箱：キリン・パンダ・ライオン・シマウマ
「乗り物」の箱：新幹線・自動車・ヘリコプター

遊び方
①パネル板に箱（中には絵人形を入れておく）を貼っておきます。
②子どもたちが「なあんだなんだ？」という言葉を言い終わったら，箱の中から絵人形を取り出し，少し形を見えるように提示します。
③箱の中から見える形や色のヒントをもとに何かを当ててもらいます。
④答えがわからない時は，「ヒーントヒント！」と言うと，次のヒントを出します。
⑤絵人形をあてられたら，その絵人形からその箱が何の箱かを考えてもらいます。

指導上の留意点
・子どもたちが「なあんだなんだ？」「ヒーントヒント！」という言葉を唱えやすいように，

なぞなぞの前に練習したり，唱える時はタイミングを合図するとよいでしょう。
・子どもの反応を受けとめ，色や形についての発言をくり返し確認することで，答えを引き出すヒントになるようにします。
・なかなか発言できない子どもが発言しやすいように，いろいろな子どもの発言を待つようにし，他の子どもの意見を聞く雰囲気をつくりましょう。

> 発展・応用

・箱の種類とその中にいれるものを考えたり，製作したりなど，なぞなぞづくりの活動に展開できます。
・自分たちのつくったなぞなぞを発表する活動としてもできます。

【くにぷー】

【ペープサート】

「箱の中には何が入っているの？」
「♪なあんだ，なんだ♪」

「♪ヒーント，ヒント♪」
「どんな色？　どんな模様？」

「キリンだよ！」
「次は？」

「キリン・パンダ・ライオンが入っている箱は，何の箱？」

6 劇遊び『おおきなかぶ』 ▶指導案18 P.63

　子どもたちは，お話が大好きです。お話を聞くことだけでなく，自分で表現することも大好きです。『おおきなかぶ』[1]の「うんとこしょ，どっこいしょ」のようなリズムのある言葉は，絵本を読み終わるころには，見ている子どもたちがみな参加し，大合唱で唱える姿が見られます。言葉のやりとりを楽しむことから，登場人物になって動いたり，言葉を唱えたりというような劇遊びに発展していくようにします。

ねらい
・話のなかで自分なりに身体や言葉で表現して楽しむ。

対象年齢
4歳児以上

内容
・登場人物になりきり，言葉を言ったり身体を動かしたりする。
・リズム感のある言葉を声を合わせて言うことを楽しむ。

準備物
絵本『おおきなかぶ』，大きなかぶがついたロープ

遊び方
①絵本の内容から登場人物（おじいさん，おばあさん，まご，いぬ，ねこ，ねずみ）の特徴について話し合う。
②登場人物に分かれ，実習生がストーリー展開していくなかで，それぞれの役になって登場し，動いたり言葉を言ったりする。
③「うんとこしょどっこいしょ」と声を合わせて，おおきなかぶがついたロープを引っ張る。
④なかなか抜けないかぶにするために，かぶ役の子どもを決め，反対のロープを引っ張るようにする。
⑤おおきなかぶがついたロープを引っ張り合い，最後にかぶが抜けて喜び合う。

指導上の留意点
・子どもがもつ登場人物のイメージを表現できるように，登場場面では時間をかけ，それぞれの子どもが動きや言葉をくふうできるようにします。
・まず実習生が役になりきり表現することを楽しみましょう。子ども一人ひとりの表現を認め，他の子どもにも知らせることで，子どもたちが役になりきれるようにします。
・みんなで力を合わせて引っ張ることができるように，タイミングを合わせるための声をか

けたり，力のバランスをとるために，保育者も引っ張り合いに参加します。
・登場場面などでは，音楽を使って雰囲気を盛り上げるのもよいでしょう。

> 発展・応用

・おおきなかぶづくりやそれぞれの登場人物になるための耳やしっぽなどの小道具づくりなど，製作活動につなげることができます。そのことが役になりきるということにもなります。

【くにぷー】

おおきなかぶの歌[2]

作詞：秦野友利恵
作曲：岡本拡子

おじーいさんが　うえた かぶ　みるみるおおきく　なりました

あまくて おおきな　このかぶを　ちからを あわせて　ひっ ぱろう

うんとこ しょ　どっ こい しょ

---

1) A.トルストイ再話　内田莉莎子（訳）　1962　おおきなかぶ　福音館書店
2) おおきなかぶの歌　秦野友利恵　作詞　岡本拡子　作曲

	指導案13　絵カードでお話しよう			対象年齢：2歳児～3歳児以上
子どもの姿	○保育者や友だちの話を，興味をもって聞けるようになってきている。 ○理解している名詞が増え，イメージの世界が豊かになってきている。			
ねらいと内容	○実習生の言葉を注意深く聞く。 ○言葉を聞いて，絵カードの絵とお話を結びつける過程を楽しむ。 ○簡単なルールのある遊びを楽しむ。			
時間	環境構成	予想される子どもの姿・活動	実習生の援助と配慮	
10：00	[準備物] ○絵カード10枚から15枚くらい （絵カードには，生活用品や食べ物など，子どもたちがよく知っているものをわかりやすく描いておく） ○集まる場所は，部屋の隅のカーペットの上。	○並んだカードのまわりに集まる。 ○実習生の話を注意深く聞き，そのお話と関連があると思うカードを探す。 ○どのカードかがわかった子は，カードを取る。	○絵カードを並べて準備する。 ○子どもたちに声をかけ，カードのまわりに集まったら，お話を始める。 ○子どもたちの発達や言葉の獲得レベルに合わせて，お話を考える。 ○ゆっくりとわかりやすい言葉で，カードの絵にあったお話をする。 ○なかなかカードを探せない場合には，「どのカードのお話かな」「どれかな～？」と声をかけ，探す行為をうながす。	
10：20		○取れなかった子どもは，取られたカードを「見せて」とお願いして正解のカードを見て納得する。 ○カードの取り合いになってしまった場合，保育者の助けを借りて「どっちがさきに取ったか」を冷静に判断して，ゲームを続けられるようにする。	○カードが取れなかった子には，「残念だったね」「どんなカードかお友だちに見せてもらおうか」と声をかける。 ○トラブルになってしまった時には，お互いの言い分を確認し，納得ができるように調整する。 ○子どもたちが集中して楽しめているようであれば，同じ絵カードを使って，ちがうお話をして遊びをくり返す。	

指導案14　詩を楽しもう			対象年齢：1歳児以上
子どもの姿	○理解できる言葉や話せる言葉が多くなってきている。 ○唱え歌などリズムのある言葉を喜んで聴く。		
ねらいと内容	○詩の世界をとおして，言葉のもつリズムや心地よい響きを感じる。 ○詩を唱えて，イメージを広げ，想像力を育てる。		
時間	環境構成	予想される子どもの姿・活動	実習生の援助と配慮
10：00	［準備・準備物］ ○詩のストーリーが描かれた紙コップ。 ○簡易シアターができるような，テーブルや棚などを用意して，その上に布を敷いて紙コップを並べる。	○実習生のまわりに集まり，簡易シアターの前に座る。 ○実習生の言葉かけに反応して，好きな食べ物，今朝食べた食べ物などを言う。 ○それぞれが食べ物のイメージを膨らませる。 ○「ミルクを飲むとぼくになる」の詩を聴きながら，ミルク，たまご，やさい，パンの絵のついた紙コップが，ひっくり返ってボクになる様子を見る。	○「紙コップシアターが始まりますよ」と声をかけ，子どもたちを簡易シアターの前に誘う。 ○「いろいろな食べ物があるね」 「○○ちゃんはどんな食べ物が好きかな？」 「今日，おうちで食べてきたものは何かな？」と子どもたちに質問する。 ○「ミルクを飲むとぼくになる」の詩を唱えながら，言葉のリズムに合わせて紙コップを回転させて見せる。
10：10		○何度か聴き入ったあとは，やってみたい子どもが，順番に紙コップのシアターを楽しむ。	○何度か唱えたあとは，「やってみたい人，いるかな？」と声をかける。やりたい子どもが順番に，シアターを見せられるように調整する。
10：20			○うまく言えない子どもには，詩をいっしょに唱えて，援助する。

指導案15　にぎろかな，すてよかな			対象年齢：3歳児以上
子どもの姿	○集まりなどで，簡単なゲームを楽しめるようになっている。 ○クイズなどを楽しむ様子が見られる。		
ねらいと内容	○実習生の言葉（ヒント）を注意深く聞いてイメージを膨らませる。 ○ヒントを頼りに「何かな？」と考え，好きなものかきらいなものかを判断することを楽しむ。		
時間	環境構成	予想される子どもの姿・活動	実習生の援助と配慮
10：00	[準備・準備物] ○好きなものときらいなものを描いた絵カードを用意する。 （好きなものの例…ケーキ，お菓子，お花，ジュース，アイスクリームなど） （きらいなものの例…おばけ，かみなり，おに，へび，など） ○あらかじめ，黒板やボードに，絵の描いてある画用紙を裏返して貼っておく。 （ホワイトボードや，パネルシアターを利用してもよい。）	○絵カードの貼ってあるボードを囲むようにして，保育者のまわりに集まる。 ○実習生の問いかけに対して，好きなものときらいなものを答える。 ○クイズの説明を聞く。 ○実習生の歌声に合わせて，歌う。 ○実習生のヒントを聞いて，何のカードか予想する。 ○予想したものが好きなものの場合，じゃんけんのように手をあげて『ぐう』で握る。きらいなものの場合『ぱあ』で離す動作をする。 ○正解を聞いて，喜んだり，残念がったりする。	○「みんなの好きなものは何かな？」 「みんなのきらいなものは何かな？」と問いかける。 ○子どもたちの言葉を聞いたあと，「この裏返しになったカードには，みんなの好きなものときらいなものが書いてあります。一つひとつヒントを言うので，何かな？　と考えて，自分の好きなものかな？　きらいなものかな？　と考えてください。好きなものなら『ぐう』を出して握ります。きらいなものなら『ぱあ』を出して離してください。」とクイズの説明をする。 ○ゆっくりと歌いながら，歌を伝える。 （ぐっぐっぐ～とにぎろかな，ぱっぱ～とすてよかな，どっちにしようかな） ○順番にカードを指して，そのカードのヒントを出す。 （たとえばリンゴの場合，「赤い物です」「丸い物です」「木に成っています」など） ○歌いながら，「どっちにしようかな」でいっしょに『ぐう』か『ぱあ』を出す。 ○「みんなはどっちかな～？」と声をかけながら，全員がどちらかを出しているかを確認する。 ○確認できたところで，カードをひっくり返し，子どもたちの当たりはずれを確認しながら「当たった人はだれかな？」と声をかける。 ○カードの枚数分，くり返す。 （ヒントをだんだん難しくしたり，ヒントの数を減らしたりするのも楽しい） ○子どもたちの様子を見ながら，カードの枚数は調整する。
10：20			

	指導案16　名前のなかに何がある？		対象年齢：5歳児以上
子どもの姿	○お店屋さんごっこなどでは文字を使って何かを表現しようとする姿があり，文字に対する興味が高まっている。 ○絵本などを読んだり，拾い読みしている子どもがいる。		
ねらいと内容	○言葉遊びを楽しみ，文字に興味をもつ。 ○身近なモノの名前がいくつかの文字の組み合わせでできていることに気づく。 ○自分から，いろいろと組み合わせて言葉を考えようとする。		
時間	環境構成	予想される子どもの姿・活動	実習生の援助と配慮
10：00	保育室	○実習生の前に集まり座る。	・実習生を見るように言葉をかけ，座る位置を確認する。
10：05	[準備物] ○ペープサート「名前のなかに何がある？」	○ゲームについての説明を聞く。 ・「くる」「くま」「まく」「まる」など文字を組み合わせて，声に出して言う。	・「くるま」のペープサートを提示し，これから行なうゲームに興味をもつように，例えを示しながらやり方を説明する。 ・「く」「る」「ま」と一音ずつ声に出し，組み合わせを変えるとちがう言葉になることを伝える。
10：10		○実習生の出す問題を聞いて答えを考える。 ・それぞれの子どもが自分の考えた言葉を声に出して言う。 ・他の子どもが発言した答えを聞く。 ・正解を確かめ，正解の子どもは喜ぶ。	・「すいか」のペープサートを提示し，ゲームを始める。 ・言葉を一音ずつ声に出して組み合わせて考えるように伝える。 ・一人ひとりの子どもの反応を受けとめ，わかった子どもには，ちがう組み合わせを考えるように言葉をかける。 ・あまり大きな声をだせない子どもの発言も認め，他の子どもにも知らせていく。 ・様子を見て，ほとんどの子どもが答えを言っているようなら，正解のペープサートを示し，答え合わせをする。
10：20	1枚目　2・3枚目 (車)⇔(熊，丸)	○出された問題に答える。 ○声を出さずに考えたり，示された文字を読んだりして言葉を見つける。 ・すぐ見つけられる子どもとなかなか気づくことのできない子どもがいる。	・くり返し問題を出し，ゲームを続ける。 ・やり方が理解できたら，声を出さずに考え，わかった子どもは手をあげるようにする。 ・長い名前の時は文字を見せ，視覚でも文字を組み合わせられるようにする。 ・なかなか言葉を見つけられない子どもには最初の文字をヒントになるように知らせる。
10：35	(すいか)⇔(イカ，貝) (人参)⇔(虹) (新幹線)⇔(鹿) (とうもろこし)⇔(牛) (アイスクリーム)⇔(栗，アリ) (すべり台)⇔(リス，椅子)	○自分の名前のなかにある言葉を探す。 ○友だちや先生の名前のなかの言葉を探して言う。 ○他の子どもに問題を出したり，出された問題の答えを考える。 ・大きな声で発表できない子どもがいる。 ・答える子どもが同じになっている。	・自分の名前のなかにある言葉を探すように伝える。言葉がない時は，他の子どもや先生の名前で探すようにする。 ・子どもの反応を受けとめ，自分なりに考えようとしている姿勢を認めるようにする。 ・見つけられた子どもに，前に来て問題を出してもらうことを伝える。 ・問題を出す前に，問題の出しかたを確認し，発表しやすいようにする。 ・大きい声で発表できない子どもには，何を言えばよいのか具体的に伝え，聞いている子どもたちにも聞こうとする姿勢になるように話す。 ・正解が出たら，全員で確認する。 ・発言していない子どもも発言できるように，いろいろな子どもの発言を待つようにし，正解を急がせない雰囲気をつくる。
10：45		○感想を言う。	・出た問題をふり返り，いろいろな言葉を見つけられたことを認め，言葉探しの興味をつなげるようにする。

指導案17　なぞなぞボックス			対象年齢：3歳児以上
子どもの姿	○遊びのなかでも「〜はなんだ？」というように問いかける姿がある。 ○保育者や身近な友だちに自分の思いを伝えることができる。		
ねらいと内容	○言葉から想像したり，想像したものを言葉で表現して楽しむ。 ○なぞなぞのヒントから答えを想像して楽しむ。 ○自分の思ったことを言葉で表現しようとする。		

時間	環境構成	予想される子どもの姿・活動	実習生の援助と配慮
10：00 10：05 10：10 10：20 10：30	保育室 ［図：子ども／実］ ［準備物］ ○パネルシアター 　「なぞなぞのはこ」 ○動物の箱 　キリン・パンダ・ライオン・シマウマ ○乗り物の箱 　新幹線・自動車・ヘリコプター・ ○食べ物の箱 　すいか・イチゴ・アイスクリーム・ケーキ・	○パネルシアターの前に集まり座る。 ○クイズについての説明を聞く。 ○「なあんだなんだ？」と「ヒーントヒント」を声に出して唱える。 ○クイズをする。 ・動物の箱から少し見える色や形から答えを想像する。 ・自分の思ったことを言葉で言う。 ・他の子どもが発言した答えを聞く。 ・「ヒントヒント！」と言い，次のヒントをもらい，答えを想像し，発言する。 ・正解を確かめ，正解した子どもは喜ぶ。 ○出てきた答えから何の箱かを考え，思ったことを発言する。 ○ちがう箱には何が入っているのか想像する。 ・答えが一つ出たら，そこから連想して答えを言う。 ○感想を言う。	・パネルが見えていない子どもがいないか言葉をかけて，座る位置を確認する。 ・1つめの箱を出し，中に何が入っているかを当てるクイズをすることを話し，期待をもてるように言葉をかける。 ・「なあんだなんだ？」という言葉で始まり，ヒントがほしい時は「ヒーントヒント！」という言葉を唱えることを伝える。 ・子どもがいっしょに唱えられるようにタイミングを伝える。 ・食べ物の箱の中からキリンを出し，少しだけ形や色を見せて，クイズを始める。 ・子どもの反応を受けとめ，色や形についての発言はくり返し確認することで，答えのヒントになるようにする。 ・あまり大きな声をだせない子どもの発言も認めて，他の子どもにも知らせていく。 ・正解が出ない時は，「ヒントヒント！」の言葉をいうことで次のヒントがもらえることを伝える。 ・正解が出たら，絵を出し全員で確認する。 ・もう一度出てきた答えを確認し，何の箱かを連想できるような言葉かけをする。 ・動物の箱と乗り物の箱とをくり返し行なう。 ・ちがう箱になったことで，今までとちがうイメージで中に入っているものを想像できるようにする。 ・発言していない子どもにも発言できるように，いろいろな子どもの発言を待つようにし，正解を急がせない雰囲気をつくる。 ・一人ひとりの子どもがいろいろと想像し正解を考えようとしたことを認める。

第3章 ◎ 言葉と表現

指導案18　劇遊び『おおきなかぶ』				対象年齢：4歳児以上
子どもの姿	○絵本の読み聞かせや紙芝居などで，ストーリーのある話を興味深く聞いている。 ○お母さんごっこや戦隊ごっこなど，役になりきって友だちとのやりとりをしている。			
ねらいと内容	○お話しのなかで自分なりに身体や言葉で表現して楽しむ。 ○登場人物になりきり，言葉を言ったり，動いたりする。 ○リズムのある言葉を声を合わせて唱えることを楽しむ。			

時間	環境構成	予想される子どもの姿・活動	実習生の援助と配慮
10:00	保育室 （図：子ども・実習生の配置）	○実習生のまわりに集まって，『おおきなかぶ』の読み聞かせを聞く。 ・「うんとこしょどっこいしょ」の部分を声に出して言う。	・絵本が見えていない子がいないか言葉をかけ，座る位置を確認し，読み聞かせを始める。 ・くり返しが淡々とならないように，テンポを変えて読む。 ・「うんとこしょどっこいしょ」のセリフを子どもがいっしょに言えるようにタイミングを伝える。
10:15	絵本『おおきなかぶ』 内田莉莎子訳　佐藤忠良画　福音館書店　1962	○お話の感想を言う。 ・大きなかぶを抜くためにはどのくらいの力が必要か想像する。 ○それぞれの登場人物の特徴を話し合う。 ・動物の動きを実際に動いてみたり，鳴き声で表現する。	・子どもの反応を受けとめながら，自分たちも大きなかぶを抜いてみようという気持ちになるような言葉かけをする。 ・用意した大きなかぶを見せ，期待をもてるようにする。 ・登場人物を確認し，それぞれの特徴などを聞いて具体的なイメージをもてるようにする。 ・個々の子どもが表現した動きや言葉を他の子どもにも伝え，イメージを共有できるようにする。
10:20	（図：ねずみ・ねこ・いぬ・まご・お婆さん・お爺さん・かぶ・実の配置） 役ごとに待つ場所をテープで示しておく。 ［準備物］ 大きなかぶ（ロープ付き） （かぶのイラスト）	○自分のなりたい登場人物を決め，決められた場所に移動する。 ・登場人物になりきっている。 ・どの役にするかを迷っている。 ・役になりきり，動いたりセリフを言ったりして楽しむ。 ・ストーリーの展開に添って役になって登場する。 ・「うんとこしょどっこいしょ」と声を合わせて唱えながら，かぶを引っ張る。	・登場人物ごとにテープが貼ってある位置に移動するように伝える。 ・決められずに迷っている子には，劇を2回するので，次は役を変えることもできることを伝える。 ・実習生がナレーターとお爺さん役をしながら，ストーリーを展開する。 ・それぞれに登場のしかたがくふうできるように，話し合った特徴を思い出すような言葉かけをする。 ・かぶを逆から引っ張り，できるだけ子どもたちが力を合わせて引っ張っていると感覚を味わえるようにする。
10:30		○かぶをもっと重くするための方法を話し合う。 ・かぶ役も必要だと気づく。 ○かぶ役を含め，もう一度登場人物に分かれ，もう1回劇遊びを楽しむ。 ・かぶを引っ張り合うことを楽しむ。	・かぶをもっと重くするために，具体的な方法が考えられるように言葉かけをする。 ・かぶ役をつくり，引っ張り合うとどうなるか期待をもてるようにする。 ・役を交代してもよいことを伝える。 ・個々の子どもが表現している動きや言葉を認め，他の子どもにも伝える。 ・配役のバランスをみて，引っ張り合いが楽しめるように力が足りない側を助けるようにする。
10:40		○いっしょに声をかけながら，力を合わせて引っ張り，かぶが抜けたことを喜び合う。	・子どもの言葉を受けとめ，共感する。 ・次の活動について話をする。

コラム 5

絵本や紙芝居を選ぶときは，どのような点に注意したり配慮すればよいですか。

　絵本や紙芝居は数多くの種類があります。実習で読み聞かせをする時，たくさんのなかからどのような基準で選べばよいでしょうか。ポイントは三つです。

　一つめは内容。今子どもが興味をもっている内容，これから興味をもってほしい内容を選びましょう。実習中に自分がやりたいと思っている活動につながる内容でもよいでしょう。今，どんぐりや落ち葉集めが子どもたちに人気なら，それに関わる内容がよいでしょう。これから魚釣りの製作活動をするというなら，魚が登場するお話を読み聞かせて，イメージを膨らませることができるでしょう。また，遠足などの行事前には，それにつながる内容にしてもよいでしょう。

　二つめは季節。実習をしている季節に合わせましょう。子どもは読んでもらったお話の内容に興味をもちます。身近な内容であればなおさらです。虫が出てくる本を見たら，子どもはすぐ外に出て探しだすかもしれません。せっかく虫に興味をもったのに，季節が冬で，虫探しができないということがないようにしましょう。

　最後は子どもの経験。実習中は子どもたちがどのような絵本や紙芝居を読んでいるかをよく観察しましょう。いつも読み聞かせをしている園とそうでない園，同じ園でも入園したてのころと学年末のころ，未満児や年少と年長，それぞれ経験のちがいがあります。経験の積み重ねがあれば，年齢が低くても長い話を楽しむこともできます。子どもの様子から，内容や長さなどを考えていくとよいでしょう。

　実習前には，日ごろから絵本・紙芝居などを読んで，テーマ，内容などを書いたリストをつくっておくといざという時に役立ちます。また，必ず下読みをしてから，子どもの前で読むようにしましょう。

【くにぷー】

コラム 6

子どもが意欲的に取り組めるような言葉のかけ方はどうすればよいですか。

　子どもは自分が楽しいと思うことは，言われなくても進んで取り組みます。いかに子どもがやってみたいという気持ちにさせることがたいせつです。そのためには，まず「これって楽しいよ！」と，先生が楽しんでいる姿をみせることです。先生が楽しんでいると，自然と子どもたちは興味を示します。また，実際にやってみて楽しいと感じた時，その楽しさを先生や友だちと共有するということもたいせつです。やってみたら楽しかったという経験の積み重ねが，活動に対する子どもの意欲を引き出すことになります。

　とくに設定活動では，導入などにくふうが必要です。子どもの「やってみたい」「つくってみたい」という気持ちになるような導入にしましょう。

　実習生自身が，「楽しいからいっしょにやってみようよ！」「つくってみようよ！」という気持ちを子どもに伝えようとすることがたいせつです。そのためには，演じることも必要になります。製作する時も，ただこういう物をつくりますと完成品を見せるのでなく，多少オーバーに思えても，「こんなにかっこいいものができたよ」と見せた方が，より子どもがやりたいという気持ちになるでしょう。チーム戦のゲームなどは，実習生もチームの一員となり，「絶対勝つぞ！」などの掛け声をみんなでかけ合い，チームで戦うという仲間意識が盛り上がるようにします。

　また，「ちょっと難しいけど，できるかな？」というように子どものプライドをくすぐるような言葉をかけると，子どもは「やってやる！」という意欲をもって取り組めるでしょう。

　子どもにこうしてほしいという思いが強いと指示する言葉かけが多くなります。できるだけ言葉かけをくふうして指示する言葉にならないようにしましょう。

【くにぷー】

第4章
身体と表現

　「身体と表現」は「身体を動かして遊ぶ」ことと「身体を用いて表現する」ことの二つの側面が考えられますね。身近なものを使った遊び，昔ながらの伝統的な遊び，歌や絵本を用いて身体でさまざまな表現してみる遊び。「身体と表現」は，子どもが心も身体もめいっぱい開いて動かして，まさに全身で表現することです。

　実習生にとっては「ちょっと恥ずかしい」と思うこともあるかもしれません。でもそんな気持ちをとっぱらって，思いっきり身体を動かし，身体をつかって表現してみると，「気持ちいい！」ということがわかります。そして，それは子どもも同じです。そんな「気持ちいい！」を子どもといっしょに体験してみてください。

1 ほしぼう☆になろう　▶指導案 19 P.78

遠い宇宙からロケットに変身して地球にやってきたストロー人形の「ほしぼう（坊）」[1]は，地球に来ても変身上手。そんなほしぼうの楽しいストロー人形劇を見たあとに『ぼくほしぼう』の歌に合わせて子どもたちとほしぼうになって変身ごっこを楽しみます。

ねらいと内容
・ストーリーとともに変身するストロー人形劇を見て楽しむ。
・いろいろなものになったつもりで身体で自由に表現することを楽しむ。
・友だちや保育者と歌いながらいっしょに変身していく楽しさを共有する。

対象年齢
3歳以上

準備物
ストロー人形ほしぼう

遊び方
まず，ストロー人形劇「ほしぼう」を演じてみせます。その後，子どもたちと相談しながら，歌に合わせて，ほしぼう，三角ロケット，船，魚，サメ，蝶，家，東京タワー（スカイツリー），スペースシャトルを身体で表現してストーリーをなぞっていきます。最後に，ほしぼうといっしょにもう一度くり返します。

指導上の留意点
・はじめは実習生がモデルになって子どもの動きやポーズを誘発しましょう。
・歌は誘導して歌詞を教えながらみんなでいっしょに歌えるようにしましょう。
・子どもたちと形や動きや高さなどについて相談しながら進めていきましょう。

発展・応用
「今度は何に変身してどこへ行こうか？」と新たなストーリーを子どもたちといっしょに考えて表現遊びを発展させることもできます。また，ストロー人形ほしぼうを子どもたちと製作し，動かして遊ぶのも楽しいでしょう。

【キューティ深海魚】

人形劇「ぼく　ほしぼう」　作者：黒須和清

※歌と歌の間に，吹き出しの言葉をアドリブで入れます。

1
きょろきょろ　おめめの　ほしぼうは
遠い地球に　行きたくて
三角ロケットに大変身

> 3, 2, 1, 0, 発射, ゴー！
> だんだん地球が近づいてきたぞ…

2
青い地球は　水の星
どこまでいっても　海ばかり
着陸したのも　海の上

> たいへん，ぼく沈んじゃうよ！
> でも…だいじょうぶ！

3
きょろきょろ　おめめの　ほしぼうは
ぱっと　お船に　大変身
ゆらゆら　ゆれる　波の上

> いい気持ちだな〜。
> でも，なんだか波が高くなってきたぞ。
> わ〜！また沈んじゃった。ぶくぶく…

4
きょろきょろ　おめめの　ほしぼうは
ぱっと　魚に　大変身
すいすい　泳ぐ　水の中

> 海の生き物たち，こんにちは。
> あ，むこうからサメがやってくる！怖いけど，戦うぞ〜！

5
きょろきょろ　おめめの　ほしぼうは
ぱっと　サメに　大変身
大きな口で　食べちゃうぞ！

> わ〜，やっぱり怖い！
> にげようっと。

6
きょろきょろ　おめめの　ほしぼうは
海から　ザバッと　とびだして
ぱっと　ちょうちょに　大変身

> よし，このまま飛んでいこう。だんだん陸が見えてきたぞ。
> おうちがいっぱいある！

7
きょろきょろ　おめめの　ほしぼうは
ぱっと　おろちに　大変身
一階建てに　二階建て…三階建て…東京タワー

> なんて眺めがいいんだ。地球って楽しいところだな。
> そろそろ帰ろう！

8
きょろきょろ　おめめの　ほしぼうは
スペースシャトルに　大変身
宇宙に向かって　出発だ

> 3, 2, 1, 0, 発射, ゴー！

9
ラララ…

10
遠い夜空を　ひとっとび
楽しい地球の旅終えて
帰ってきたよ　ぼく　ほしぼう

> バイバーイ！

ほしぼうのつくり方

材料（一つあたり）
ストロー…5本
スチール球…2つ
たこ糸…ストロー1本の長さ×5＋結び目分

道具
きり（その他，スチール球の穴をストローの太さまでひろげることができるもの），油性ペン（黒）

つくり方
①スチール球に目を描く。
　（たいていスチール球には丸く模様がついているので，それを利用する）
②目の真後ろに，小さい点を打つ。
　（自分側から，ほしぼうの目がどこに向いているかわかるようにするため）
③スチール球の穴を，きりでストローの太さになるまでひろげる。
④スチール球をストロー2本の同じ位置に通す。
⑤たこ糸に，ストロー5本を通す。
　スチール球の付いているストローをすべて通す。
⑥たこ糸を結び，結びめはストローの中に隠す。

基本の動かし方
・目のついているストローとその隣のストローの境目を左右それぞれに持つ。
・下のストローの左右を交差し，折りあげるようにして「ほしぼう」
・目のついているストローをひねって「きょろきょろ」

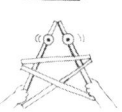

「ぼく　ほしぼう」

作詞・作曲：黒須和清

きょろきょろおめめの　ほしぼうは
と　おいちきゅうに　いきたくて
さんかくロケットに
だいへんしん

1) 繁下和雄（編）・黒須和清他（著）　2002　あそびのテーマパーク　全国社会福祉協議会

2 はらぺこあおむしごっこ（絵本劇場）

▶指導案20 P.80

絵本劇場とは，絵本の読み聞かせを楽しんだあとに，絵本の場面やストーリーに沿って即興的に役割をにないながら劇化して演じて遊ぶ劇遊びの一つです。子どもたちが慣れ親しんでいる大好きな絵本を使って，幾通りにも絵本劇場を楽しむことができます。ここでは，子どもたちに人気の絵本『はらぺこあおむし』[1]を題材とした絵本劇場を紹介します。

ねらいと内容

- 友だちといっしょに絵本のおもしろさを味わう。
- 絵本のストーリー展開に沿って，身体で自由に表現することを楽しむ。
- 友だちや実習生といっしょに絵本を題材にした劇遊びの楽しさを共有する。

対象年齢

3歳児以上

準備物

絵本『はらぺこあおむし』

遊び方

まず，子どもたちと絵本の読み聞かせを楽しみます。その後，『はらぺこあおむしごっこ』をしようと提案し，子どもたちと絵本のストーリーや登場人物の様子や動きの特徴をふりかえりながら，場面設定を行なっていきます。年齢の低い子どもたちはおもに絵本の主人公になりたがりますが，年齢が大きくなると複雑なストーリーや複数の登場人物を分担して演じられるようになるでしょう。『はらぺこあおむしごっこ』では，子どもたち全員があおむし役になれるように，はじめに実習生がおつきさまやおひさま役を演じ，以下のような流れで絵本の場面やストーリーをなぞっていきます。

① 実習生がおつきさま役になって，ちっちゃなたまごになった子どもたちに言葉をかけながら見て回る。

② 実習生がおひさま役になって「あおむしが生まれたかな」と誘い，子どもたちが「ぽん」とちっぽけなあおむしになって生まれる様子を言葉をかけながら見て回る。

③ 実習生もあおむしになって，子どもたちといっしょに次々に食べ物を食べていく。

④ みんなでおなかが痛くなって泣いているあおむしを演じる。

⑤ 実習生もみどりのはっぱを配るフリして，みんなで食べて元気になる。

⑥ みんなでふとっちょになったあおむしを演じる。

⑦みんなでさなぎになって、静かに眠る。
⑧子どもたちと相談しながら期待が高まるようなタイミングを待って、「あっちょうちょ！」のセリフをきっかけにみんなで一斉にちょうちょになって、自由に飛んでいく。

　『はらぺこあおむしごっこ』は、セリフよりも身体表現が中心となりますので、小さい子どもたちでも演じやすいという特色があります。

> 指導上の留意点

・できるだけ自由な身体表現をめざしますが、慣れてくるまでは、みんなでいっしょの動きをするなど画一的な表現方法で行なっても構いません。実習生がモデルとなって子どもの動きを誘発しましょう。
・劇遊びのストーリーを展開するにあたって、演技やイメージを膨らませるような実習生の言葉かけは重要です。常に実習生みずからが豊かな表現者であることに努めましょう。
・演じずに友だちの様子を見ているだけの子どもがいても構いません。いっしょに動きたくなるような言葉をかけつつ、子どもが自分から表現したくなるのを待ちましょう。
・絵本劇場の始まりと終わりははっきりと示し、より絵本劇場の世界の非日常感を際立たせるようにしましょう。

> 発展・応用

　さまざまな絵本を題材にした絵本劇場へ発展させることができます。

　また、今回は、何もない空間で道具を使わずに行なう絵本劇場を紹介しましたが、身近にある素材（布や新聞紙など）やお面や積み木、フープなどの小道具を使って演出しながら遊ぶのも楽しいでしょう。

【キューティ深海魚】

1）エリック・カール（作・絵）　もりひさし（訳）　偕成社

3 ◯□ドッジボール（ボール遊び）
まるしかく

▶指導案21 P.82

　転がす，投げる，運ぶ，蹴る，つく……といった多様な動きを経験できるのがボール遊びの魅力です。また，大きさや硬さ，感触など，さまざまな種類のボールがあり，年齢の小さな子どもから気軽に楽しむことができます。4，5歳になると，走りながらボールを蹴る，逃げながらボールをよける，といった複数の動きを組み合わせられるようになり，サッカーやドッジボールなどのゲームを友だちと楽しむことができます。

　ドッジボールは，ボールを当てる・よけるだけでなく，内野と外野の役割分担や位置，当て・当てられた場合の移動のしかたなど，すぐには理解できないルールがあります。的当てなどの遊びから，中当て，◯□ドッジボール，ドッジボールと，発達段階に合わせて遊びやルールを発展していくといよいでしょう。

ねらい
・友だちとルールのある遊びを楽しむ。

対象年齢
4歳児以上

内容
・ドッジボールのルールを理解し，集団で遊ぶ楽しさを味わう。
・ボールを投げたりよけたりしてさまざまな動きを楽しむ。

準備物
丸や四角，中央のライン（園庭やホールにあらかじめ引いておく），柔らかいボール2個，帽子（赤白帽など，表と裏で色が異なるもの）

遊び方
①◯チームと□チームに分かれ，帽子の色を変えます。

②各チームで内野と外野を決め，◯チームの内野は丸の中，外野は四角の外，□チームの内野は四角の中，外野は丸の外に位置します。（指導案の図を参照）

③丸と四角でボールを1個ずつ用意し，中当てをします。

④ボールを当てられたら，◯チームの場合，四角の外側に移動して外野となり，敵を当てたらまた丸の中に戻れます。□チームの場合はその逆です。

⑤相手チームを全滅させるか，時間を区切って内野の人数が多いチームが勝ちとなります。

指導上の留意点
・危険のない広い場所で行なう，当たっても痛

くないように柔らかいボールを使う，など安全に十分配慮しましょう。また，子どもたちはボールから逃げることに夢中になって，転倒したり友だちとぶつかったりすることが多くなります。ゲーム中の言葉かけも大事です。
- コートの広さは，人数や年齢（投げる力）によって，くふうする必要があります。また，ゲーム開始時の内野と外野の人数も，ゲームの盛り上がりなど状況を見て柔軟に変えていくといいでしょう。
- ボールが「当たった」「当たっていない」で言い合いになる，ボールの取り合いになる場面では，どちらの思いも受けとめながら実習生が審判役になって判定しましょう。慣れてくると，子どもどうしで判定できるようになるでしょう。
- 4歳くらいでは，ボールをうまく投げられず，ノーバウンドで当てられないことが多々あります。その場合，ワンバウンドでも転がっても，どんなボールでも当たったらアウト，というルールで行なうとよいでしょう。
- ゲーム中，楽しい雰囲気をつくる言葉かけはもちろん，うまく当てられるようになったなど，動きの上達を認める言葉かけにより，意欲的に取り組めるようにしたり，友だちの動きに関心をもてるようにしたりしましょう。また，実習生がゲームに参加し，素早く動きまわったり速いボールを投げたりすると，子どもたちの意欲が刺激され，動きが活発になります。

発展・応用

(1) 転がしドッジボール

ボールを投げずに転がして，中当てやドッジボールを行ないます。投げる力が未発達な子どもたちが多い場合や飛んでくるボールを怖がる場合は，転がして行なうことから始めるとよいでしょう。内野は転がってきたボールを跳んだり走ってよけたりして楽しみます。

(2) 中当て・円形ドッジボール

本格的なドッジボールをする前に，よく行なわれる遊びです。丸の外側から外野がボールを投げ，内野は丸の中でボールに当たらないように逃げたりよけたりします。当てられた場合，当てた外野と交替する方法や，コートの外に出て応援し，最後まで残った内野が勝ちとする方法があります。

大きな丸を描いてクラス全員で遊んでもいいですし，小さめの丸をいくつか描いてグループごとに遊んでもいいでしょう。

【ヤンヤン】

4 た,た,た……たこ・たぬき（鬼ごっこ）

▶指導案22 P.84

　鬼ごっこは，鬼になって追いかけたり鬼から逃げたり，思いっ切り身体を動かして遊び込める魅力的な遊びです。鬼ごっこには数えきれないほどの種類があります。追いかけっこのような単純なものから，複雑なルールのあるものまでさまざまですが，子どもの発達段階や人数，場所などによって楽しみ方が異なってきます。
　4歳ごろになると，動きがさらに活発になり，ルールのある遊びを集団で楽しめるようになります。鬼ごっこのなかで，鬼から逃げたり，捕まった仲間を助けたりするために，友だちと知恵を絞り，協力し合って遊ぶことも魅力の一つです。

ねらい
・友だちとルールのある遊びを楽しむ。
・思い切り身体を動かす気持ちよさを味わう。

対象年齢
4歳児以上

内容
・鬼ごっこのルールを理解し，友だちと身体を動かす楽しさを味わう。
・言葉やリズムを楽しみながら，身体を動かす。

準備物
3本のライン（園庭やホールにあらかじめ引いておく），帽子（赤白帽など，表と裏で色が異なるもの）

遊び方
①たこチームとたぬきチームに分かれ，帽子の色を変えます。
②それぞれの陣地の線に並びます。
③リーダー（実習生）の「た，た，た……」のかけ声で，中央線に歩み寄っていきます。
④「たぬき！」の合図なら，「たぬき」が「たこ」を追いかけ，「たこ」は自分の陣地に逃げ返ります。
⑤「たこ」は陣地まで逃げ切れたらセーフ，「たぬき」に捕まったら相手の陣地に連れていかれます。
⑥捕まった子どもは帽子の色を変え，たぬきチームになります。
⑦「たこ！」の合図の場合は逆。
⑧何回かくり返し，人数の多いチームの勝ちとなります。

指導上の留意点
・思い切り走り回れるスペースを確保しましょう。
・周囲に遊具や物がある場合，安全に身体を動

かせるように，範囲を決めておくなどしましょう。

・ルールを理解しやすいように説明をくふうするとともに，活動中も適宜ルールを伝え，遊びを楽しめるようにしていきます。

・遊びの盛り上がりや展開の様子を見て，終了の合図をしましょう。

 発展・応用

(1) 捕まったら捕虜になる

「たこ」が「たぬき」に捕まった場合，「たぬき」の陣地のうしろに牢屋があり，そこに捕らえられるというルールを加えます。捕まったら最後，というイメージにより，悔しさが募ります。この場合，徐々に動ける人数が減ってきますので，比較的短時間で遊びが終了しますが，リーダー（実習生）は「たこ」か「たぬき」の合図をバランスよく伝えることも大事です。また，牢屋に捕らえられた子どもたちが仲間を応援する配慮もあるとよいでしょう。

(2) 捕虜を仲間が復活させる

(1) に，仲間が捕虜を助けられるというルールを加えます。リーダーが「た，た，た……」と言っている間に，同じチームの仲間が捕虜を助けに行き，手を引いて無事自分の陣地に戻ったら，その子どもは復活し，遊びに参加できます。「た，た，た……」のかけ声を，ゆっくりにしたり言い続けたりすることで，仲間を助けに行こうとする動きが活発になり，また，いつ「たこ」か「たぬき」の合図があるか，どきどき感が高まります。

少し複雑なルールとなりますので，簡単なルールを理解して楽しめるようになってから行なうとよいでしょう。

【ヤンヤン】

5 海賊サーキット ▶指導案23 P.86

　幼児期の子どもたちはごっこ遊びが大好きです。なかでも，○○ライダーや○○レンジャーなど，テレビキャラクターのヒーローやヒロインになりきって遊ぶ姿がよく見られます。戦いごっこや冒険ごっこで，子どもたちはイメージを広げ，なりたいものになりきる楽しさだけでなく，友だちとイメージを共有しながらやりとりすることを楽しんでいます。さらに，なりきることでふだんよりも大きく身体を動かしたり動きが活発になったり，身体の動きを広げています。

ねらい
・イメージを広げ，身体を動かすことを楽しむ。
・いろいろな動きに挑戦しようとする。

対象年齢
4歳児以上

内容
・海賊になってイメージを楽しみながらいろいろな動きに挑戦する。
・友だちの動きや技に興味をもち，認める。

準備物
　バンダナ（人数分），絵本，宝島の地図，宝の在りかを示す紙，宝物（メダルなど），平均台・マット・フープなどのサーキットに使う遊具，島などを示すライン

遊び方
①絵本や紙芝居などを読み，海賊が宝島へ冒険にでかけるイメージが膨らむようにします。
②宝島に行きたくなるように宝島の地図を見せたり，海賊になりきるためにバンダナを頭に巻いたりして，くふうを施します。
③園庭やホールに移動し，準備体操をします。
④あらかじめ用意しておいた運動サーキットを冒険に関するいろいろなものに見立て，それぞれの動きや技に挑戦していきます。
⑤サーキットの終盤に，宝の在りかを示すしかけをつくっておき，それを見つけることにより，宝物を探し当てることができるようにします。
⑥宝物を見つけたあとも，サーキットで身体を動かせるようにします。
⑦かたづけを協力して行ないます。

指導上の留意点
・広いスペースを使う，鉄棒や平均台の下にマットを敷く，準備体操をするなど，安全に身体を動かすことができる環境づくりや配慮を必ずしましょう。

・高さのある固定遊具を使う場合には，危険な行動をしないように約束ごとを伝えましょう。
・海賊になって宝島へ冒険に行くイメージが広がるように，衣装や仕掛けを準備しましょう。さらに，実習生も冒険の世界を楽しむとともに，活動中も，わくわくどきどき感が高まるような言葉かけをくふうしましょう。
・運動が苦手な子どももいるでしょう。挑戦してみようという意欲が生まれるように励ましたり，必要に応じて補助をしたり，恐怖感をもっているような場合にはそばで見守る，手を貸すなどしたり，それぞれの運動発達の状況に合わせて援助しましょう。

発展・応用

(1) 宝島への道をみんなで考えるサーキットでの動きをみんなで決める。

　園庭やホールに，島や離れ小島のラインとサーキットの遊具（平均台やマット，フープなど）だけ準備しておきます。遊具を使ってどのように宝島に行くか，みんなで話し合う時間を設けることで，友だちどうしでのやり取りや知恵を出し合う楽しさが広がります。

(2) 各場所での動きを自分で決める。

　「渡る」「跳ぶ」「くぐる」「登る」「降りる」など，基本的な動きのみを提示し，どのように渡るのか（歩いて渡る，走って渡る，這って渡る…），どのように跳ぶのか（うさぎとびで跳ぶ，けんけんで跳ぶ…），具体的な動きを子どもたち自身で決め，それぞれが挑戦します。

【ヤンヤン】

6 新聞紙遊び ▶指導案24 P.88

　子どもたちは身のまわりにあるものを何でも遊具にして遊びます。ゴムやシーツ，ハンカチといった生活用品，新聞紙や段ボール，牛乳パックといった廃材など，身近な素材をさまざまなものに変化させ，遊びをくふうしていきます。
　新聞紙は，紙のなかでも軽い，薄い，柔らかい，手に入りやすいといった利点があり，ちぎる，破る，丸める，折る，貼る，飛ばす，乗るなどして，運動遊びに応用しやすい素材です。

ねらい
・身近な素材を使った遊びを楽しむ。
・身近な素材の性質を知る。
・いろいろな動きができるようになる。

対象年齢
4歳児以上

内容
・新聞紙を使った遊びを楽しむ。
・友だちと競争する楽しさを味わう。

準備物
新聞紙，目印（線やコーンなど）

遊び方
(1) 素材に親しむ
①新聞紙を広げ，マントやスカート，洋服に見立て，いろいろな形になることに気づけるようにします。
②手を使わずに新聞紙を運べる方法を問いかけ，新聞紙をお腹や腕に張り付けて自由に走ります。

(2) 新聞ボールリレーをする
①新聞紙を半分に切って，それぞれを丸め，新聞ボールを2つくります。
②2人組で新聞紙を広げて端を持ち，その上に新聞ボールを4つのせます。
③ボールを落とさないように，コーンを回って戻ります。落としたら拾って再開します。
④元の線に着いたら新聞紙を次の2人組に渡し，同様に自分のボール4つをのせて運びます。

(3) ボールのせ競争
①あらかじめ引いておいた線から離れた場所に，新聞紙を広げておきます。
②線から出ないように，新聞ボールを投げ，広げた新聞紙にのせます。
③新聞紙からはみ出さずにのせることができたボールの数を競います。

指導上の留意点
・ダイナミックな動きをする場合は，広くて安全な場所を選びます。また，夢中になると，

友だちとぶつかるなどしやすいため，安全に配慮しましょう。
・新聞紙は破れやすいため，余分に用意しておきましょう。
・うまくできない子どもには，見本を示したり，アドバイスをしたりして，焦らず，なるべく自分でできるような援助をしましょう。
・発達段階に応じて，活動内容を選びましょう。

発展・応用

(1) 低年齢児向け
・新聞紙を細かくちぎって，新聞プールにして遊ぶ。
・新聞紙を細かくちぎって，雪や雨に見立てて遊ぶ。
・穴をあけた新聞紙を破らないようにくぐる。
・床に広げた新聞紙にのり，足で破る。

(2) 4，5歳児向け
・丸めた新聞ボールと筒状に丸めた新聞バットで野球遊びをする。
・新聞紙を縦方向に裂いてしっぽにし，しっぽ取り遊びをする。
・少し高い場所に吊るしたひもに，新聞紙を広げた状態で吊るし，ボールを的当てのように投げる。広げた新聞紙が破れるまで投げる。
・少し高い場所に吊るしたひもに，かごを吊り下げ，玉入れ遊びをする。

【ヤンヤン】

指導案19　ほしぼう☆になろう			対象年齢：3歳児以上
子どもの姿	○友だちとイメージを共有して，ごっこ遊びやなりきり遊びを楽しむ姿が見られる。 ○人形劇やペープサートなどで保育者の演じるお話の世界や人形の動きを楽しんでいる。		
ねらいと内容	○ストーリーとともに変身するストロー人形劇を見て楽しむ。 ○いろいろなものになったつもりで身体で自由に表現することを楽しむ。 ○友だちや保育者と歌いながらいっしょに変身していく楽しさを共有する。		

時間	環境構成	予想される子どもの姿・活動	実習生の援助と配慮
10：00	[準備物] ・ストロー人形「ほしぼう」 （●保育者と子どもの配置図） ・劇が見えやすいように子どもが広がって座れるようなスペースを確保する。	○床に座って「ほしぼう」を観る。 ・実習生の演じるほしぼうの動きや歌・セリフを楽しむ。 ・ほしぼうが次々と変身する姿に興味をいだき，次は何に変身するのか期待感をいだきながら劇を見る。	○前に立って「ほしぼう」を演じてみせる。 ・歌やセリフに合わせて，リズミカルに人形を動かす。 ・はっきりと大きな声で表情豊かに演じる。 ・ほしぼうのキョロキョロと動く目玉が子どもたちの視線と合うようにする。 ・子どもの反応を見ながら，一本調子にならないように（とくに変身する場面では素早くメリハリをつけて人形を動かすなど）ストーリーのなかでの緩急を意識して演じる。 ・人形の動きだけでなく，保育者自身の動きも軽やかにコミカルに演じる。
10：10	・自由に動いて表現遊びが楽しめるように，机や椅子をかたづけておく。 （子どもの間を実習生が巡廻する配置図） ・実習生は子どもたちの間を巡廻しながらともに身体表現を楽しむ。	○「ほしぼう」になってストーリーに合わせてさまざまに変身して遊ぶ。 ・実習生や友だちの身体表現をヒントに「ほしぼう」になったつもりでポーズをとったり目を動かしたりして自由に身体表現を楽しむ。 ・実習生の歌に合わせてリズムをとりながら「ほしぼう」になって動く。 ・歌に合わせて，三角ロケット，船，魚，サメ，蝶，家，東京タワー（スカイツリー），スペースシャトルと身体で表現してストーリーをなぞっていく。 ・実習生の言葉かけ（擬音語・擬態語）や歌を復唱しながら表現する子どもがいる。 ・全身をつかって東京タワーやスカイツリーの高さを表現しようとする。	○「みんなもほしぼうになってみよう」と提案し，子どもたちと相談しながら身体表現遊びを誘導する。 ・「ほしぼうはどんな形かな」「目がキョロキョロ動くよね」と実習生自身もモデルになりながら，子どもたちの身体表現をうながす。 ・一人ひとりの表現を認め，友だちの表現にも気づくようにうながす。 ・子どもたちが「ほしぼう」になったところで，再度人形を動かし，ゆっくりと歌いながら次に何に変身するのかを伝えていく。 ・一つひとつの変身を急かさず丁寧にとらえて，子どもたちがそれぞれの身体表現をじっくり楽しめるようにする。 ・魚の場面では「海の中には何がいるかな」など，それぞれの場面ごとにイメージを膨らませるような言葉をかけたり，「ごぉー」「ゆらゆら」「すいすい」「がぶがぶ」「ひらひら」「びゅわーん」などの擬音語や擬態語を効果的に用いる。 ・「1階建て→2階建て→3階建て→東京タワー（→スカイツリー）」では，「高くなったね」「空まで届きそうだね」など，徐々に大きくなるようを身体で表現することを十分楽しめるような言葉をかける。
10：30		○始めから終わりまでとおして，保育者や友だちといっしょに歌いながら身体表現する。 ・ほしぼうの動きを見ながら，友だちといっしょに身体で表現し，歌うことを楽しむ。 ・歌のくり返しの部分（キョロキョロお目目のほしぼうは……大変身！）はとくに元気に歌う。 ・友だちのおもしろそうな身体表現を真似てみる子どもがいる。	○最後にほしぼうといっしょに歌いながら物語を通しで表現するように導く。 ・ほしぼうの人形の動きを見せながら最初からゆっくりと歌う。 ・歌詞をフレーズごとに伝えながら，子どもたちもいっしょに歌えるように導いていく。 ・「大変身！」のところでは一呼吸おいて子どもどうしの変身ぶりを確認し合うようううながし，「いろんな形のほしぼうがいるね」「みんなほしぼうみたいに変身がじょうずになったね」など，それぞれの表現を認めるような言葉をかける。

時間	環境構成	予想される子どもの姿・活動	実習生の援助と配慮
10：45	（保育者を中心に子どもたちが集まって座る図）	○表現遊びの余韻を楽しみ，次の遊びの展開に期待する。 ・歌と物語の終わりを感じ取り，やや興奮気味だった子どもも座って落ち着く。 ・感想や次のほしぼうの旅について想像したことを自由に言い合う。 ・またほしぼうになっていろいろ変身して遊びたい，ほしぼうを自分でもつくってみたいなどと言う。	○表現遊びの余韻を味わい，さらに遊びを発展させるような言葉をかける。 ・最後の「（帰ってきたよ，）ぼくほしぼう」の歌詞はゆっくり静かに小さな声で終わるよう配慮し，終わったところで保育者のまわりに集まって座るようにうながす。 ・「みんな無事に宇宙にかえってきたね」などと旅の終わりの余韻を楽しみながら，「今度ほしぼうが地球に来るときはどこに着陸するかな。何に変身しちゃうかな。」など，子どもの想像力が膨らむように問いかける。 ・ストロー人形ほしぼうのしくみを見せて，今度みんなでつくってみようと提案する。

指導案20　はらぺこあおむしごっこ（絵本劇場）			対象年齢：3歳児以上
子どもの姿	○絵本に関心を持ち，読み聞かせてもらったお話の世界やイメージを友だちと共有して楽しんでいる。 ○ごっこ遊びや簡単な劇遊びを友だちと楽しむ姿が見られる。		
ねらいと内容	○友だちといっしょに絵本のおもしろさを味わう。 ○絵本のストーリー展開に沿って，身体で自由に表現することを楽しむ。 ○友だちや保育者といっしょに絵本を題材にした劇遊びの楽しさを共有する。		

時間	環境構成	予想される子どもの姿・活動	実習生の援助と配慮
10：00	[準備物] ・絵本「はらぺこあおむし」（人数が多い時はビッグブックだとなおよい）。 ●保育者（図） ・絵本が見えやすいように子どもが広がって座れるスペースを確保する。	・床に座って半円形になり「はらぺこあおむし」の絵本を見る・聴く。 ・保育者の声に耳を傾け，絵本の世界に集中する。 ・知っている場面を言い合ったり，曜日や数を唱えたりする。 ・自由に感想を言い合い，余韻を楽しむ。	○子どもたちの前で椅子に座って「はらぺこあおむし」を読み聞かせる。 ・はっきりとした声で丁寧に読み聞かせ，一つひとつの場面やセリフを子どもとともに楽しむ。子どもの反応を受けとめながら進める。 ・最後の蝶になるシーンでは，子どもが絵をじっくり見たのを確認してから，絵本を蝶に見立てて「ひらひらひら～」と飛んで行くように動かす。
10：15	・自由に動いて表現遊びが楽しめるように，椅子や机はかたづけておく。	○「絵本劇場（はらぺこあおむしごっこ）」に関心をもち，実習生の話を聞きながら，劇中の役になって表現する意欲を高める。 ・実習生の言葉かけにこたえて絵本のあおむしの特徴を口々に言ってみたり，身体で真似てみたりする。 ・思い思いに動きや身体で表現しようとする。	○「みんなではらぺこあおむしの絵本劇場（はらぺこあおむしごっこ）をしよう」と提案し，子どもたちに絵本の以下の場面ごとに出てくる役の特徴や見本を示しながら，子どもとともに劇化していくことを説明する。 ①ちっちゃなたまご（子ども）とおつきさま（実習生） ②おひさま（実習生）とちっぽけなあおむし（子ども） ③みんなであおむしになって，次つぎに食べ物を食べていく。 ④おなかが痛くなってみんなで泣く。 ⑤みどりのはっぱを食べる。 ⑥ふとっちょになったあおむしになる。 ⑦さなぎになる。 ⑧ちょうちょになって飛んでいく。 ・表紙のあおむしを子どもによく見せて「足が小さくていっぱいあるね」「つのがはえてるね」「おしりがもりあがってるね」「どんなふうに歩くのかな」など，子どもといっしょに身体で表現しながら，あおむしの特徴を確認する。
10：25	（図：矢印のある配置） ・実習生は子どもたちの間を巡廻しながらともに身体表現を楽しむ。	○絵本劇場「はらぺこあおむしごっこ」を楽しむ。 ・おつきさま役の実習生の動きや言葉かけに誘われて，ちっちゃなたまごになってみる。 ・絵本のセリフを聞いて「ぽん」とあおむしになって生まれる。 ・表現をためらう子どももいる。 ・みんなではらぺこのあおむしになって，次々と食べ物を食べていく。 ・実習生や友だちとお腹が痛くて泣いているあおむしを演じて楽しむ。 ・みどりのはっぱを食べて元気になる。 ・大きく太ったあおむしを身体や動きで表現しようとする。 ・さなぎになって静かに眠る様子を演じる。	○絵本劇場『はらぺこあおむしごっこ』へと，絵本をめくりみずから演じながら導く。 ・「絵本劇場のはじまりまじまり～」と告げ，①の場面から順に演じながら進めていく。 ・おつきさま役になって言葉をかけながら子どもたちのたまごを見て回る（①）。 ・おひさまになって「あおむし生まれたかな」と誘うように見て回る（②）。 ・躊躇している子どもには無理強いせずに「まだ生まれませんね」「月曜日には生まれるかな」などと言葉をかけて表現をうながす。 ・実習生もあおむしになって月曜日から土曜日まで，子どもたちといっしょに食べ物を次々と食べていく（③）。 ・絵本のセリフを読んで，お腹が痛くなった演技をする。子どもの表現をうながすように子どもよりもおおげさに泣いてみる（④）。 ・みどりのはっぱを食べて元気になる（ように子どもたちをうながす）（⑤）。 ・「ずいぶんふとっちょになっちゃったね」と重たそうに動きながら，子どもの表現を受けとめていく（⑥）。 ・さなぎになって動きを止めて静かに眠るように演じながらうながす（⑦）。

時間	環境構成	予想される子どもの姿・活動	実習生の援助と配慮
10：25		・実習生の言葉かけに「もういいよ」「まだだよ」などと答えながら，ちょうちょになる瞬間をわくわくしながら待つ。 ・きれいなちょうちょになったつもりで，部屋中を飛び回る。 ・飛行機のようにスピードをつけて飛び，友だちとぶつかりそうになる子どももいる。 ○絵本劇場の余韻を楽しみ，次の劇遊びに期待する。 ・実習生のまわりに座って落ち着く。 ・感想を自由に言い合う。 ・自分の演じてみたい絵本の名前を口ぐちに言う。	・みんなが眠って一呼吸落ち着いたところで「そろそろ？」と子どもたちと相談しながら期待が高まるようにタイミングを待って「あっちょうちょ！」のセリフを大きな声ではっきりと告げる。 ・みんなでちょうちょになって「ひらひらひら〜」などと言いながら自由に飛んでいくようにうながす（⑧）。 ・興奮して走り回って危険にならないように，実習生がモデルとなって，きれいなちょうちょが優雅に飛びまわる様子を演じるようにうながす。 ○絵本劇場の終わりを告げ，終わったあとの子どもの感想に共感し，次の劇遊びに展開できるような言葉をかける。 ・「絵本劇場はおしまいです〜」「きれいなちょうちょさんたち，お花のまわりに集まれ〜」などと言葉をかけて保育者のまわりに集まってに座るようにうながす。 ・「今度はどの絵本で絵本劇場ごっこしようか」など，子どもと相談するように問いかける。

指導案21　○□（まるしかく）ドッジボール（ボール遊び）			対象年齢：4歳児以上
子どもの姿	○年長児のドッジボールやサッカーに加わって遊ぶ姿がある。 ○中当て（円形ドッジボール）の活動で、ルールを理解して遊ぶ子どもが多い。		
ねらいと内容	○友だちとルールのある遊びを楽しむ。 ・ドッジボールのルールを理解し、友だちと協力して遊ぶ楽しさを味わう。		
時間	環境構成	予想される子どもの姿・活動	実習生の援助と配慮
10：30	・園庭（ホール）にコートの線を引いておく。 ・赤白帽（裏表で色を変えられる帽子）を被るように伝える。 ○集合時 ・柔らかいボールを2個用意する。 ○遊び方	○ボール遊び「○□ドッジボール」 ・帽子を被って園庭（ホール）に移動する。 ・実習生のまわりに集まって座る。 ・「楽しかった」「たくさん当てた」など感想を思い思いに言い、実習生に注目する。 ・2チームに分かれ、○チームは赤、□チームは白に帽子の色を変える。 ・各チームで外野と内野を決める。 ・「外野になりたい」と言う子どもが多くて役割が決まらない。 ・「僕・私は丸」などと言いながらコートの中に入る。	・子どもたちに帽子を被って園庭（ホール）に移動するように声をかける。 ・実習生のまわりに集まるようによびかける。 ・以前行なった中当てをやってみてどうだったかたずね、今日は丸だけでなく四角い形も使ってドッジボールをすることを伝える。 ・○チームと□チームに分け、わかりやすいように帽子の色を変える。 ・各チームで外野3人、内野7人を決めるように伝える。 ・ゲームを何回か行なうことを伝え、交替で外野になることを提案する。 ・○チームの内野は丸に、□チームの内野は四角に入るよう伝え、チームでコートの形がちがうことに気づくように言葉をかける。
10：40	・○チーム（赤帽子）と□チーム（白帽子）に分かれ、各チーム内野7人、外野3人を決める。 ・○チームの内野は丸の中に、外野は四角の外側に位置する。□チームはその逆。 ・各コートに1つボールを用意し、各チームの外野が敵を当てる。 ○第1段階 ・丸と四角でそれぞれ中当てをする。 ・当てられたら中央線に座り、自分のチームを応援する。 ・相手チームを全滅させたら勝ち。 ○第2段階	・外野に移動し、早くボールを投げたいと意気込む。 ・中当てをして遊ぶことを喜ぶ。 ・実習生の説明を聞く。 ・外野は一生懸命ボールを投げ、内野は飛んできたボールをよけたりボールをもつ外野から遠く離れようと走り回ったりする。 ・味方どうしでぶつかってしまう子どもがいる。 ・当てられた子どもが泣きそうになりながら、コートの外に出て応援する。 ・勝ったチームは喜び、負けたチームは悔しがる。	・外野の子どもに敵がいるコートの外に散らばって立つように伝える。 ・各チームの外野1人にボールを一つずつ渡し、合図をするまで投げないように約束する。 ・この間行なった中当てを丸と四角でやってみようと提案する。＜第1段階＞ ・顔や頭に当ててはいけないことや当てられたらどうするのかのきまりを約束する。 ・始めの合図を送る。 ・危険がないように見守る。 ・投げたり逃げたりする子どものがんばりを認めたり励ましたりして応援する。 ・まわりを見ながら逃げるよう注意をうながす。 ・当てられた悔しさに共感し、味方の友だちを応援して次は当てられないようにがんばろうと励ます。 ・どちらかが全滅したら終わりの合図をする。 ・みんながんばったことを認める。
10：50	・○チームでボールに当てられた内野は、四角の外側に移動し、外野になって敵を当てる。 ・相手チームを全滅させられたら勝ち。	・「もう一度やりたい」という声が上がる。 ・新しいルールのゲームに期待しながら説明を聞く。	・今度は、当てられたらちがう形のコートの外に移動してボールを当てることを伝える。＜第2段階＞ ・実際に動きながら、当てられたあとどうするのかを丁寧に説明する。

時間	環境構成	予想される子どもの姿・活動	実習生の援助と配慮
	○第3段階 ・第2段階に，敵を当てた外野は自分のチームに戻れるというルールを加える。 例）□チームでボールに当てられた内野は丸の外側で外野になり，当てた○チームの外野は丸の中で内野になる。	・ゲーム開始後，投げたり逃げたりして動きが活発になる。 ・当てられたあとどこに行けばいいかわからない子どもがいる。 ・外野でボールを独占しようとする子どもがいる。 ・内野の人数が減ってくる。 ・勝って喜んだり負けて次は勝ちたいと言ったりする。 ・最後まで残った子どもに拍手する。	・相手チームの内野が全員いなくなったら勝ちと伝え，ゲームを開始する。 ・「丸の外側に行ってボールを投げるんだよ」と誘導する。 ・他の子も投げたいと思っていることやボールを拾った子がすぐに投げると当てやすくなることを伝える。 ・「最後まで当たらないように逃げ切れるかな」と残っている子どもたちを応援する。 ・どちらかが全滅したら終わりの合図を送り，内野に残っている子どもにがんばって逃げ切ったことを認める。
11：00	・相手チームを全滅させたら勝ち，もしくは，時間内に内野に残っている人数が多いチームの勝ち。	・実習生の話を聞く。 ・ボールを当てることやよけることを楽しみながらゲームをする。 ・当てられた場合，当てた場合のルールを理解しながら，ドッジボールを楽しむ。	・次は，当てられて外野になっても，敵を当てれば内野に戻れるドッジボールをすることを伝える。＜第3段階＞ ・ボールを当てられた人と当てた人の動きを実際にやってみせながらルールを説明する。 ・ゲームを開始する。 ・ボールが当たったか当たっていないかを判定する。 ・意欲的に動けるように「今の球，速かったよ」「じょうずによけられたね」などと個々の動きを認める言葉をかける。 ・遊びながらルールを理解できるように，動き方を言葉にする。
11：10		・ゲームをくり返し楽しむ。 ・実習生のまわりに集まる。 ・「楽しかった」「痛かった」「またやりたい」など，感想を口々に言う。	・時間を見ながら何度かゲームをくり返す。 ・子どもたちを集め，終わりにすることを伝える。 ・今日のドッジボールの感想をたずね，子どもたちの気持ちに共感する。 ・またみんなでいっしょにやってみようと提案する。
11：20		・実習生の提案に期待をもち，保育室に戻る。	・手洗いや水分補給，排泄をうながし，保育室に戻るように声をかける。

指導案22　た，た，た……たこ・たぬき			対象年齢：4歳児以上
子どもの姿	○戸外で活発に身体を動かしている子どもが多い。 ○保育者や友だちといっしょに，高鬼や氷鬼など，ルールのある遊びをする姿がある。		
ねらいと内容	○友だちとルールのある遊びを楽しむ。 ・鬼ごっこのルールを理解し，友だちと協力して遊ぶ楽しさを味わう。		
時間	環境構成	予想される子どもの姿・活動	実習生の援助と配慮
10：30	・あらかじめ，園庭（ホール）に3本の線を引いておく。 ・赤白帽（裏表で色を変えられる帽子）を被るように伝える。 ○集合時	○鬼ごっこ「た，た，た……たこ・たぬき」 ・帽子を被って園庭（ホール）に移動する。 ・実習生のまわりに集まって座る。 ・「た」のつく動物を口々に言いながら，鬼ごっこに対する興味が高まる。	・子どもたちに帽子を被って園庭（ホール）に移動するように声をかける。 ・実習生のまわりに集まるようによびかける。 ・これから「た」のつく動物になって鬼ごっこをすることを伝え，活動に期待をもてるように「どんな動物でしょう」と問いかける。 ・子どもたちの言葉を受けとめ，たことたぬきになって遊ぶことを伝える。
10：35	○タッチの練習 ・中央線を挟んで向かい合う。 ・実習生の「たこ」か「たぬき」の合図で，呼ばれたほうが目の前の子どもにタッチする。	・中央線を挟み2列で立つ。 ・たこチームは赤，たぬきチームは白と，帽子の色を変える。 ・たことたぬきで向かい合い，実習生の説明を聞く。 ・呼ばれても反応できない子どもがいる。 ・タッチする動きをくり返し，ルールを理解する。	・中央線を挟んで，2列に並ぶよう声をかけ，同じ人数になるように調整する。 ・各列をたこチームかたぬきチームに決め，どちらのチームか区別しやすいように帽子の色を変える。 ・準備段階として，ルールを理解しやすいように，中央線を挟んでタッチの練習してみようと提案する。 ・「た，た，た……」とかけ声をかけ，たこかたぬきの合図を送る。 ・呼ばれたほうがタッチすることを理解できるように，何度かくり返す。
10：40	○遊び方 ・たこチーム（赤帽子）とたぬきチーム（白帽子）に分かれ，両端の線にそれぞれ並ぶ。	・鬼ごっこの遊び方や説明を聞く。 ・遊び中の約束ごとを理解する。 ・自分の陣地に移動し，「エイエイオー」と意気込む。 ・かけ声のリズムに合わせ中央に向かう。	・うまく反応できるようになったら，実際に動きながら遊び方を説明する。 ・ぶつからないようにまわりをよく見て動くことやタッチするときはたたいたりしないこと，陣地の線を越えたらタッチできないことを約束する。 ・両端の線に立つように伝え，準備できたチームから士気が高まるように「エイエイオー」をする。 ・「た，た，た……」のかけ声により遊びを開始する。
10：45	・実習生の「た，た，た……」のかけ声で，中央線に歩み寄る。 ・「たぬき！」の合図なら，「たぬき」が「たこ」を追いかけ，「たこ」は自分の陣地に逃げ返る。 ・「たこ」は陣地まで逃げたらセーフ，「たぬき」に捕まったら相手の陣地に連れていかれる。 ・捕まった子どもは帽子の色を変え，たぬきになる。	・合図により，歓声を上げながら逃げたり追いかけたりする。 ・呼ばれていないのに追いかける子どもがいる。 ・タッチした子どもを自分の陣地に連れていく。 ・くり返すなかで，ルールを理解し，スムーズに遊びを進める姿がみられる。 ・言葉遊びや「た，た，た……」のリズムの変化を楽しみながら遊ぶ。	・両チームが近づいてきたところで，たこかたぬきか合図する。 ・逃げることがわかるように「○○チームは逃げるよ」などと声をかける。 ・捕まった子どもに帽子の色を変えるように伝える。 ・かけ声と合図をくり返し，遊びを十分に楽しめるように励ます。 ・慣れてきたら，「たい」「たか」などと紛らわしい言葉にしたり，「た，た，た……」のリズムに変化をつけたりして，より楽しめるようにかけ声をくふうする。

時間	環境構成	予想される子どもの姿・活動	実習生の援助と配慮
	・「たこ！」の合図の場合は逆。	・どちらのチームの人数が多いか、ドキドキしながら人数を数える。	・全体の様子を見て遊びを終わりにする。 ・どちらのチームの人数が多いか期待がもてるように、子どもたちといっしょに数える。
	・何回かくり返し、人数の多いチームの勝ちとなる。	・勝ったチームは喜び、負けたチームは悔しがる。	・みんながんばったことを認め、遊びを十分に楽しめたことを共感し合う。
11：00		・「もう一度やりたい」という声が上がる。 ・くり返し行なう。	・時間を見ながら何回か遊びをくり返す。
11：20		・実習生の話を聞く。 ・「楽しかった」「難しかった」など、感想を口ぐちに言う。 ・実習生の提案に期待をもち、保育室に戻る。	・子どもたちを集め、終わりにすることを伝える。 ・遊んでみてどう感じたか感想を聞き、気持ちに共感する。 ・「捕まったら捕虜になるやり方もあるから、またみんなでいっしょにやってみよう」と、遊びの発展に期待がもてるように提案する。 ・手洗いや水分補給、排泄をうながし、保育室に戻るように声をかける。

	指導案23　海賊のサーキット			対象年齢：4歳児以上
子どもの姿	○戸外遊びを好む子どもと室内遊びを好む子どもがいる。 ○テレビ番組やアニメのヒーローやヒロインになりきって遊ぶ姿がある。			
ねらいと内容	○イメージを広げ，身体を動かすことを楽しむ。 ・海賊になってイメージを楽しみながらいろいろな動きに挑戦する。			

時間	環境構成	予想される子どもの姿・活動	実習生の援助と配慮
10：30	・園庭にサーキットの準備をしておく。 ・「宝島の地図」を用意する。 ・バンダナを人数分用意する。 ・絵本『わんぱくだんのたからじま』（ゆきのゆみこ／上野与志作　末崎茂樹絵　1992　ひさかたチャイルド）	○運動サーキット「海賊の宝探し」 ・実習生のまわりに集まって座る。 ・「海賊」と声が上がり，これからの活動に興味をもつ。 ・絵本を見て楽しむ。 ・宝島に行ってみたいという気持ちが膨らむ。 ・地図を見て，「宝島の地図だ」などと口ぐちに言い，宝島への期待をより膨らます。 ・バンダナを自分で巻くか，実習生に巻いてもらう。	・実習生のまわりに集まるように声をかける。 ・頭にバンダナを巻き，「何に見える？」とたずねる。 ・海賊のイメージが膨らむように，絵本を読む。 ・絵本の内容をふり返り，海賊がめざす宝島について触れる。 ・「朝，何か描いてある紙を拾ったんだ」と地図を広げて見せる。 ・「みんなも海賊になって宝を探しに行こう」と提案し，子どもの頭にバンダナを巻く。
10：45	○サーキット配置図	・園庭に移動する。 ・実習生のまわりに集まって，宝島の地図を見る。 ・準備運動をする。	・準備できた子どもから園庭に移動するように伝える。 ・玄関の前で，地図を見せる。 ・地図と実際の場所が一致するように，全体像を子どもたちと確認する。 ・冒険の前に準備運動をすることを提案する。 ・足踏み，ジャンプ，大股歩き，うしろ歩きなどをしながら，鉄棒の前に移動する。
10：50	①鉄棒：ぶたの丸焼きで前進，脚でぶら下がって手を離さないなど，好きな技で冒険前に特訓する。 ②平均台：海に落ちないように渡り，島から島へ移動する。安全のためマットを敷いておく。島に見立てた線を引いておく。 ③フープ：海の上の岩を渡るように，跳んで渡る。 ④ひも：固定遊具間にひもを結びつけておく。島の入り口で，ひもに毒が仕掛けてあり，触れないようにくぐる。 ⑤ジャングルジム：頂上に築山の絵が描いてある紙を貼り付けておく。宝の在りかを示すヒントを見るためによじ登る。	①鉄棒 ・思い思いの動きをする。 ・友だちの動きを見て応援したり認めたりする。 ②平均台 ・次つぎに渡る。 ・そろそろと渡る子どもや怖がる子どもがいる。 ③フープ ・いろいろな跳び方で渡る。 ④ひも ・身をかがめたり地面に這ったりしてひもをくぐる。 ・くぐっている友だちに「毒に当たっちゃうよ」と声をかける姿がある。 ⑤ジャングルジム ・何が書いてあるか楽しみにしながら順番によじ登り，自分のペースで降りる。	・宝島に行くには強くならないといけないことを伝え，鉄棒で好きな技をして特訓しようと伝える。 ・一人ひとりの技を認め，適宜補助をする。 ・平均台を指して「海に橋があるよ。落ちたらワニに食べられちゃうぞ」などと，冒険のイメージが膨らむように声をかける。 ・途中の小島で休めることを伝える。 ・怖がる子どもに手を貸す。 ・「もう少しで宝島だよ」と励まし，フープを海の上の岩に見立て，跳んで渡ろうと誘う。 ・ひもに毒が仕掛けてあると伝え，身体が触れないようにくぐることを提案する。 ・一斉にくぐろうとする子どもたちに，2,3人ずつでくぐるよう伝える。 ・ジャングルジムの頂上に何かあることを知らせ，「宝の在りかが描いてあるかも」と関心が高まるようにする。 ・危険がないように順番に登ることと，宝がどこにあるかわかっても全員が降りてからみんなで教え合いっこしようと約束する。

時間	環境構成	予想される子どもの姿・活動	実習生の援助と配慮
11:10 11:20	⑥築山：トンネルの中や山の陰に、メダルを入れた宝箱（段ボール）を隠しておく。	・全員が降りたら宝がどこにあるか確認し合う。 ⑥築山 ・築山に登ったりトンネルをくぐったりして、宝を探す。 ・見つけた子どもが「あった」と叫ぶ。 ・みんなで集まり宝箱のメダルを見つけて喜ぶ。 ・スタート付近に集まり、実習生の提案を喜ぶ。 ・思い思いのペースでサーキットでの動きにくり返し挑戦する。 ・スタート付近に集まる。 ・宝を見つけられた喜びやがんばって挑戦した達成感を口にする。 ・協力して片づける。 ・メダルを楽しみにしながら保育室に戻る。	・みんなで宝を探そうと誘う。 ・「宝はどこかな」などと、宝物に期待をもって探せるように言葉をかける。 ・探している他の子どもたちに宝物が見つかったことを知らせる。 ・何が入っているか期待が高まるような言葉をかける。 ・メダルは部屋に戻ってから分けようと提案する。 ・スタート付近に子どもを集める。 ・自分のペースで、くり返し冒険しようと提案する。 ・宝の在りかに着いたら、逆方向に進まず、スタート地点に走って帰ることを約束する。 ・全体を見ながら、危険のないよう補助したり注意を促す言葉をかけたりする。 ・スタート付近に集まるよう呼びかける。 ・海賊になって冒険した感想をたずね、気持ちを共有する。 ・「たくさん動いたからお腹がすいたね」と話し、かたづけてから帰ろうと提案する。 ・重い用具は注意しながらかたづける。 ・宝のメダルに期待をもてるように言葉をかける。

指導案 24　新聞紙遊び			対象年齢：4歳児以上
子どもの姿	○空き箱や段ボール，チラシなどの素材を使って遊ぶ姿がある。 ○運動会後も遊びのなかでリレーや玉入れなどをしている姿がある。		
ねらいと内容	○身近な素材を使った遊びを楽しむ。 ・新聞紙を使った遊びを楽しむ。 ・友だちと競争する楽しさを味わう。		
時間	環境構成	予想される子どもの姿・活動	実習生の援助と配慮
10：30	・ホールにビニールテープで2本の線を引いておく。 ・新聞紙を多めに用意する（50枚以上）。 ○集合時 （図：実）	○運動遊び「新聞紙遊び」 ・ホールに移動し，実習生のまわりに座る。 ・なぞなぞの答えを考えたり口にしたりする。	・「上から読んでも下から読んでも同じものはなんだ？」となぞなぞを出し，興味をもてるようにする。 ・「毎朝お父さんやお母さんが読んでいるもの」とヒントを言う。 ・新聞紙を取り出し，これから新聞紙を使った遊びをすることを伝える。
10：35	○洋服 切り取る （図） ・コーンを2つ並べる。	・実習生から新聞紙を受け取る。 ・実習生の真似をしたりして，新聞紙に興味をもつ。 ・「頭に乗せる」「足で挟んでジャンプする」など，いろいろな意見を口にする。 ・「やってみたい」という声が上がる。 ・新聞紙を体に張り付けて思い思いに走る。 ・新聞紙が大きすぎてうまく走れないことがいる。 ・4列になって座る。	・新聞紙を1枚ずつ配る。 ・新聞紙を広げ，マントやスカート，洋服に見立て，いろいろな形になることに気づけるようにする。 ・手を使わずに新聞紙を運べる方法を問いかける。 ・子どもたちの意見を認め，「先生はこんな方法を考えました」と，新聞紙をお腹に張り付けて走ってみせる。 ・腕で挟まないように，お腹や腕に張り付けていっしょに走ってみようと提案する。 ・友だちとぶつからないように同じ方向に走ることとまわりを見て走るように伝える。 ・走りやすいように新聞紙を二つ折りにする。 ・十分楽しめたことを認め，線のうしろに集まるようよびかける。 ・4列になって座るように声をかけ，人数調整をする。
10：50	○新聞ボール運びリレー （図：実） ①2人組で新聞紙を広げて端を持つ。 ②その上に新聞ボールを4つのせる。 ③ボールを落とさないように，コーンを回って戻る。落ちたら拾って再開する。 ④元の線に着いたら新聞紙を次の2人組に渡し，同様に自分のボール4つのせて運ぶ。 ・2本の線の内側に，等間隔に新聞紙を3枚ずつ広げて置く。 ・各チームのうしろに新聞紙を多めに置いておく。	・新聞紙でボールを2つつくる。 ・実習生の説明を聞く。 ・最前列の2人組は新聞紙を広げ，新聞ボールを4つのせる。 ・新聞ボール運びリレーをする。 ・2人で協力して運ぶことを楽しむ。 ・友だちを応援する姿がある。 ・速く走りすぎてボールを落としてしまう子どもがいる。 ・新聞紙が破れてしまった子どもがいる。 ・勝ったチームは喜び，負けたチームは悔しがる。 ・次はどんなことをするんだろうと期待する。 ・1つのチームは移動して座る。	・新聞紙を半分に破って，それぞれを丸めてボールを2つつくることを，見本を見せながら説明する。 ・ボール運びリレーの遊び方を実際にやって見せながら説明する。 ・新聞紙を最前列の2人組に配る。 ・協力して運ばないと新聞紙が破れたりボールが落ちてしまったりすることをアドバイスする。 ・「よーいどん」でスタートの合図をする。 ・それぞれの子どもを応援し，盛り上げる。 ・走り終えたら，自分の列のうしろに座って応援するように声をかける。 ・ボールが落ちたことを知らせる。 ・新聞紙が破れてしまった2人組に新しい新聞紙を渡す。 ・みんながんばったことを認め，負けたチームに次のゲームでがんばろうと励ます。 ・コーンを端にかたづけ，新聞紙を広げて置く。 ・1つのチームに，新聞ボールを2つ持って，もう片方の線の上に移動するように伝える。

第4章◎身体と表現　89

時間	環境構成	予想される子どもの姿・活動	実習生の援助と配慮
11:10	○ボールのせ競争 ①線から出ないように，広げた新聞紙に向かって，新聞ボールを投げる。 ②ボールが新聞紙からはみ出さないようにする。 ③終わりの合図でやめ，のせられたボールの数で勝敗を決める。	・玉入れと聞き喜ぶ。 ・実習生の説明を聞く。 ・線のうしろに並び，投げる準備をする。 ・ボールを力一杯投げたり，軽く投げたり，転がしたりする。 ・ボールを硬く丸めるほうが投げやすいことに気づく子どもがいる。 ・新しい新聞紙を丸める子どもとそれを投げる子どもと役割分担する姿がある。	・今度は，玉入れみたいに新聞ボールを投げる競争をすることを伝える。 ・ボールのせ競争の遊び方を実際にやって見せながら説明する。 ・新聞紙にボールをのせたり外したりして見せ，新聞紙からはみ出たボールは入っていないことを確認する。 ・投げるボールがなくなったら，うしろに用意してある新聞紙でボールをつくって投げてもよいことを伝える。 ・新聞紙に近づこうとして線より前に出てしまう子どもに，線のうしろから投げるよう声をかける。 ・「よーいどん」でスタートの合図をする。 ・両チームを応援し，新聞紙にのせることができたらいっしょに喜び，惜しい場合は「もう少し」と励ます。 ・くふうやアイデアを認め，他の子どもたちにも伝える。
11:20	・大きめのゴミ袋を用意する。	・その場に座って，ボールを数える。 ・勝ったチームは喜び，負けたチームは悔しがる。 ・ゴミ袋に新聞紙を投げ入れ楽しみながら片づける姿がある。 ・手洗いをすませ，保育室に戻る。	・終了の合図をする。 ・どちらがボールの数が多いか，期待をもてるようにいっしょに数える。 ・みんなで協力して投げたことやいろいろな投げ方で投げられたことを認める。 ・また新聞紙を使って遊ぼうと提案する。 ・散らばった新聞紙をゴミ袋に片づけるようよびかける。 ・新聞紙を触って手が真黒になったことを見せ，しっかり手を洗ってから保育室に戻るよう伝える。

コラム7

身体を動かすこと，運動遊びが苦手です。

身体を動かすことが生まれた時からまったくきらいという人はいないはずです。赤ちゃんが立って歩けるようになった時，そのうち自在に走ったり，高いところから飛び降りたりできるようになった時，ブランコや滑り台などの遊具で遊べるようになった時……子どものころはだれもが自分の身体を動かすことが楽しくて大好きだったはずです。運動に対する苦手意識は，上手下手，早い遅い，勝ち負け，などの評価や勝敗から経験する恥ずかしい気持ちや自信のなさの積み重ねによって，しだいに形成されてしまうものです。

大人として，「じょうずに」「早く」身体が動かなくても，子どもと同じようにまずは「身体を動かすこと」を楽しみましょう。たとえば，乳児さんといっしょに音楽に合わせてお尻をフリフリ揺らしてみたり，お散歩の時にゆっくり・早く・跳ねながらなどいろんな歩き方を子どもといっしょに楽しんでみたり，ごっこ遊びのなかでいろいろな動物の動きを真似て演じてみたり，子ども向けの歌の体操をやや大げさと思えるくらいオーバーに大きい身振りで身体を動かしてみたりするとよいでしょう。スポーツが苦手できらいでも，身体を動かして遊ぶことが楽しめるようになれば，構えずによりしなやかな身体表現ができるようになるでしょう。

また，実習では鬼ごっこやかくれんぼなど身体を動かす外遊びを，できるだけ子どもたちといっしょに楽しむように心がけましょう。外遊びをしている子どものなかには，自分と同じように運動が苦手な子どももいるかもしれません。いっしょに鬼から逃げ切る作戦を練ったり，できない動きを練習したり，チームになって協力したり，運動が苦手な者どうしで苦手なりの運動遊びの楽しみ方を見つけていけるとよいですね。

【キューティ深海魚】

コラム8

集団活動，集団遊びに参加したくない子どもに対してどのように接すればよいですか。

集団生活のなかで，クラス全体で一つの活動に取り組む場面は，多くあります。発達状況にもよりますが，5歳児ともなれば，集団活動や集団遊びの楽しさや醍醐味を味わってほしい時期でもありますね。しかし，輪からはずれて，別のことをしている子どもがいると，つい「みんなといっしょに」と願う気持ちが先行し，焦ってしまいます。

まずは，無理強いせずに見守ることと，実習生自身も活動や遊びに参加し，いかにも楽しそうに，そして，オーバーリアクションで演出し，その子の関心が向くように努力しましょう。先生や友だちが楽しく遊んでいる姿を見て，自分からやってみたいという気持ちになって参加するかもしれません。

しかし，時間が経っても，集団からはずれていたり，別のことをしていたりする子どもには，どのようにアプローチしたらよいか悩ましいかぎりです。まずは焦らず，遊びに誘ってみて反応がなければ，その子どもが何を感じているか，探ってみるところから始めましょう。その子は，何を楽しんでいるのか，何に興味をもっているのか……。別の場所からみんなを見ていることが楽しいのかもしれません。大勢の子どもたちの興味や楽しみと異なる，その子なりのイメージの世界が広がっているかもしれません。また，苦手意識や怖さを感じていないか……。鬼ごっこなど，動きがある遊びだったら，自分に向かって走ってくること自体に恐怖を感じているかもしれません。うまくいかなかった経験からできないことが恥ずかしいのかもしれません。その場面だけでなく，ふだんからその子の好きなことや苦手なことなど気持ちを探ることで，その子が活動や遊びに参加したくなるような言葉かけや行動など，糸口を見つけていきましょう。

【ヤンヤン】

第5章
授業実践例

　「保育表現技術」の授業は，学生自身の「表現する力を身につける」と同時に，「感じる心を養う」ことも目的の一つです。そしてそれはもちろん，子どもにとっても同じですね。

　ふだん意識しない音を聴く，目に入らないものを見る，言葉にならない思いを感じる，身体で表現してみる。そうすることによって，「表現したい」という思いはどんどん強くなり，そして「感じる心」もたくさん育ってきます。

　自分でやってみて，表現してみて，感じてみてわかることもたくさんあります。自分がやって楽しかったこと，うれしかったこと，同じ気持ちを子どもにも感じてもらいたい，そう思えるようになるかもしれません。

　何はともあれ，まずは表現してみること，それが一番大事なのです！

1 音の日記

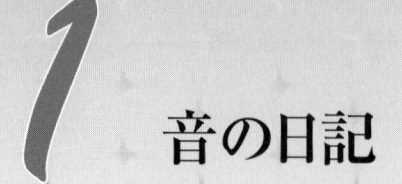

みなさんは，サウンド・スケープという言葉を知っていますか？ これは『音風景』という意味で，カナダの作曲家のマリー・シェーファーが提唱しました。彼は，「騒音公害は，人間が音を注意深く聴かなくなったときに生じる。騒音とは，われわれがないがしろにするようになった音である」[1]と述べ，音を聴くことのレッスンを考案しています。それらはサウンド・エデュケーションとしてまとめられていますが，ここで紹介する『音日記』もその一つです。[2]

ねらい

私たちは，子どもの素朴な音への気づきや，音楽表現の芽生えとなるような音楽行動に，どれだけ気づいているでしょうか。子どもが「音との感性的な出会い」ができるような音環境を設計しようとするとき，まず，音に対する保育者自身の感性を磨く必要があるでしょう。

内容

そこで，1日をふり返りながら，1週間だけ『音の日記』をつけてみることを提案します。何か珍しい音を毎日見つけて，その感想を日記に書くのです。その内容は以下のとおり。

たとえば……
- ♪ 朝，外に出ていちばん最初に聞いた音は？
- ♪ ゆうべ寝る前に，最後に聞いた音は？
- ♪ 今日聞いた中で，いちばん大きかった音は？
- ♪ 今日聞いた中で，いちばんきれいだった音は？
- ♪ 今日聞いた中で，いちばんお気に入りの音は？
- ♪ 今日聞いた中で，ドキドキした音は？……

どうしてそう思ったか，それも考えてみよう。昨日に比べて，何か聞き方に変化があったかな？ 気づいたことも書いてみましょう。

留意点

形式は自由ですが，フォーマットを一つ示しておきましょう。雨の日は，音風景が変わりますから，天気も記入しておくとよいでしょう。

1日目　年　月　日（　）天気
気づきと感想

7日目　年　月　日（　）天気
気づきと感想

感想　1週間の音日記を書いて

そして，1週間書き終えての感想をまとめてみましょう。きっと何かが変わっているはず！

発展・応用

気づいた音を箇条書きに書き込むのも一つの方法ですが，音の気づきとその背景をエピソード的に書き残していくと，音の聴き方の変化すなわち，音の世界と自分自身の認識の世界との結びつきをしっかりと感じられることでしょう。学生さんの日記から，ほんの一部の気づきをご紹介します。

【tama】

自転車をこいでいるときに聞こえてくる"ヒョウヒョウヒョウ"という音が面白かった。速くこげば風の音も"シャオシャオシャオ"とテンポアップして少し高い音になるが，遅くこぐと"ヒュウウヒュウウ"とテンポダウンして少し低い小さい音になる。
小雨の音はなんとなく寂しく感じる。人が少なく，しんとした休憩室で口紅を塗り直した自分の口から「パッ」と音がして，恥ずかしかった。
音日記をつけ始めて，私の日常に変化があらわれた。毎朝，アパートの玄関を出て外へ一歩踏み出す瞬間が楽しみになった。今日はどんな音を一番最初に聞けるだろうかと。
音のする物体そのものに私自身が心を寄せることで，見えないものが見えるような感じがして不思議だった。私たちの生活環境は，知らず知らずのうちに聞こえる音の限界をつくってしまっているのかもしれない。
草が風になびいてさやさやいう音でさえ，会話をしているように聞こえるようになった。音にも命みたいなものがあり，生きているように感じるようになった。だから，音の一つひとつをないがしろにするのではなく，ちゃんと聞こうと思った。

---

1) R. M. Schafer 1977 *The Tuningo of the World* New York: Random House Inc 鳥越けい子・小川博司・庄野泰子・田中直子・若尾裕訳 世界の調律 サウンドスケープとは何か 平凡社 1986 p.22.
2) R. M. Schafer 1992 *A Sound Education*: 100 Exercises in Listening and Sound-Making Arcana Editions 鳥越けい子・若尾裕・今田匡彦訳 サウンド・エデュケーション 春秋社 1992 pp.31-32

2 子どもの心に届く発声法

　日ごろ，保育のなかで喉に負担のかかる発声をし続けることで，声帯を傷つけたりして，重大な音声障害を引き起こしてしまうことがあります。
　また，子どもが「集中して話を聴く」，「絵本などのお話を聴く」，「保育者といっしょに歌を歌う」といった場面においては，けっして「大きな声」が必要なのではなく，よく通る「耳に心地よい声や歌」を意識することがたいせつです。保育者の声や歌もまた，たいせつな環境の一つであることを自覚し，「声をまき散らす」のではなく，「子どもの心に届ける」という気持ちをもって，丁寧に発声しましょう。ここでは，「姿勢」，「呼吸」，「共鳴」の三つの発声の基本とその習得方法を説明し，「耳に心地よい声や歌」について考えます。

ねらい
・保育者に必要な歌を歌う際の基本的な発声法を習得する。
・日常の会話でも喉に負担のない声で発声できるようにする。

内容

(1) 姿勢

　発声練習では基本姿勢を保ちます。両足は肩幅程度に広げ，親指に均等に体重がかかるようにします。下腹とお尻を引っ込め，お腹の中心辺りを前後から押すようにして下半身を安定させます。かかとを軽く浮かせて背筋を伸ばしてみてください。ぐらぐらしないでその姿勢が保てていれば下半身は安定しています。その状態を保ったままかかとを軽くつけてまっすぐ立ちます。上半身は力を抜いてリラックスさせましょう。背筋を伸ばして胸を広げ，マリオネットのように吊り下げられているのをイメージしてみましょう。
　次に，舌，顎，頬の力を抜きます。視線は目線より少し上を見るように遠くを見つめます。これらの姿勢が発声練習をする際の基本的な姿勢です。

(2) 呼吸

　発声法の習得には腹式呼吸を習得する必要があります。腹式呼吸とは，息を吸うことによって，横隔膜（呼吸器と消化器を隔てる1枚のゴム状の膜）がお腹の方へ広がった，腹部中心の呼吸法です。腹式呼吸を実感するには，仰向けに寝転んで深くゆっくりと呼吸をしてみるとよいでしょう。息を吸う時に肩に力が入らずお腹

が膨らむのがわかると思います。それが腹式呼吸です。

次に立って，先ほどの基本姿勢を保ちながら同じように呼吸してみましょう。静かにゆっくり鼻から息を吸い，口から吐くというのをくり返し練習します。息を吸うときには肩が上がらないように注意し，息を吐くときには「スー」と音をさせながら，できるだけゆっくり，均等に吐いていきます。

(3) 共鳴

私たちの身体の中には，鼻腔，口腔，咽頭腔の三つの共鳴腔があり，話すときも歌うときにも，この共鳴腔に声が共鳴するようにします。その他，歌う際の高い声は頭部共鳴（頭声発声）で，話すときでも歌う時でも低い声で響かせたい場合は胸部共鳴（胸声発声）を用います。音声障害を引き起こさないために，そして響きのあるよく通る声を出すには，この共鳴を意識する必要があります。

鼻腔は鼻の奥に広がる空間で，あくびをする時には大きく開きます。花の香りを嗅ぐように鼻の奥が大きく開くのを意識しましょう。舌の力を抜いて喉の奥を開け，息の通り道を確保します。口の中を大きく開けますが，下に広げると響きがこもったような暗い声になってしまいます。ほお骨を上げ（笑顔で）上あごを上げるようにすると，明るい響きの声になります。

また，高い声を出すときには頭のてっぺんから声が出るようなイメージをもちます。"o"の口で喉の上の方に広がりを感じながら，「ホホッホ」と軽く声を出してみましょう。高い声が抜けていく感じを身体で覚えます。

日本語の発音は平べったくなりがちです。上の前歯に声をあてるように，喉の奥ではなく前の方で発音するように心がけてみましょう。また，絵本を読む場合はストーリーの内容によっては低い声で胸に響かせる胸部共鳴を用いると，深みや温かみのある声を使うことができます。

発展・応用

複数で発声練習をする場合，2つのグループに分かれ，それぞれ楽譜①，②を同時に歌ってみましょう。シンプルな発声練習の曲ですが，2声に分かれて歌うことで，美しいハーモニーが生まれます。輪になって歌い，お互いの顔を見合ったり，声を聴き合ったりして練習するとよいでしょう。たんなる発声練習と考えるのではなく，みんなの声が重なり合うことで生み出される美しいハーモニーを感じ取ってください。響き合う声の美しさを感じられると，きっと子どもたちにも同じように，声の美しさを伝えたいと思えるはずです。

【Hiro】

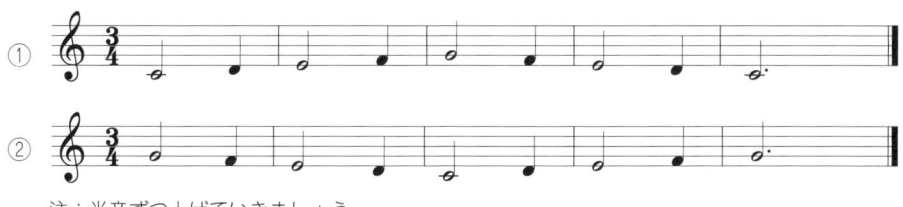

注：半音ずつ上げていきましょう。

参考文献

小林満ほか（編）　1997　声楽指導教本　教育芸術社
森田百合子・山本敬・秋山衡　2001　声楽教本　教育芸術社

3 色の日記

　身のまわりに色はあふれていいます。魅力的な色や配色がこんなにたくさんあるのに，それがあたりまえになりすぎて私たちは色を意識して見ていません。

　緑一つをとってみても，赤みの緑，黄緑，青みの緑と微妙な差がありさまざまです。色日記をつけることで，いつも目にしている色たちを，ただながめるのではなく意識して暮らすようになります。それを続けると色に対する感覚は鋭くなり，配色のセンスも向上してきます。

　またいつもは気にしていないところまで見るようになります。それはただ「ながめる」だけだった暮らしから，意識して「見る」ことへの意識改革を起こしてくれます。そこには発見があり，そして感動があります。

ねらい
・身のまわりにある色を意識する。
・色の種類の多さ，配色に興味をもつ。
・色が与えるイメージや人間に及ぼす力を考える。

内容
・身のまわりにある色を意識し，おもしろいと思う色や配色を探す。
・見つけた色を写真で記録する。
・その色に魅かれた理由を記録する。
・友だちどうし，見つけた色を見せ合って共感する。

準備物
学生→カメラ付き携帯電話
指導者→プロジェクター，パソコン，受信用メールアドレス

すすめ方
①色日記の課題色を指定する（例：赤青黄緑紫橙桃白黒）

②学生は指定された色を1週間，身のまわりで探し，気になる色，おもしろい配色のものを写真で撮りためる。

③一番気に入った写真（色・配色）をメールに添付し，「氏名」「タイトル」「コメント」「撮影した場所」などを書き込み，指導者のアドレスに送信する。

④指導者は送られてきた写真をチェックし，おもしろいとらえ方，視点，魅力的な配色のものを次の授業でスクリーンに映し，紹介する。

⑤次週の「色日記の色」（例：赤青黄緑紫橙桃白黒）を指定する。

> 発展・応用

(1) 撮りためた写真・タイトル・コメントをレイアウト後, プリントアウトして色日記の写真集をつくる。(下図)
(2) 1人1枚, 気に入った写真を大きくプリントアウト後, 額装して展示し, 色日記の写真展を行なう。
(3) 写真にポエム（詩）をつけてみる。あるいは何かの詩を読んで, そのイメージに合う色や配色を写真に撮ると感覚の領域が広がっていく。

> 指導上の留意点

・ネット上からの画像を引用することは禁じる。
・1枚だけ写真を撮って送るのでは意味はなく, 毎日いろいろな場所で色を意識し続けることがたいせつだと何度も伝える。
・だれも見つけないようなものを, おもしろいアングルで撮ることも意識するように伝える。

【青空ムッシュ】

学生の色日記作品
　→課題色「白」
タイトル「巨人の収集癖」
コメント「バイトの帰り道に落ちてました。」

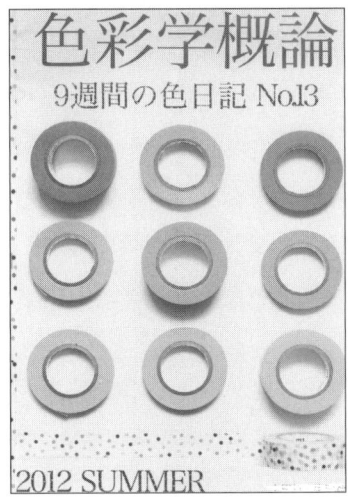

色日記の写真集
　→今までの課題で撮った写真をおさめたもの
これはその表紙

4 葉っぱや枝で何ができる？

　自然の環境は子どもの成長・発達に欠かすことができません。園庭や散歩の通り道にあるさまざまな樹木，木の実，花々，草，あるいは蛙や昆虫などの小さな生き物に，子どもたちは大きな興味・関心をもっています。保育者にはそういった動植物への知識も求められますね。動植物の名前を覚えることはもちろんですが，それらに興味をもって観察する力も身につけてほしいと思います。

　ここでは，自然物に興味をもち，それぞれの特性に気づくこと，またそれらからイメージを膨らませ自由な表現を楽しむことをねらいとした製作を紹介します。授業での経験をとおして，実習や保育のなかで子どもたちともいっしょに遊んでみてください。

ねらい
・自然物に興味をもち，よく観察する。
・自然物からイメージを膨らませ，それらを用いて自由な表現を楽しむ。

準備
　私たちの周囲の自然は，四季折々にその様子を変化させます。まずは身近な環境のなかにどのような自然物があるのか，日ごろの生活のなかでも興味をもって観察しましょう。授業までに，葉っぱ，草花，木の枝，木の実などを集めておきます。一度きれいに水洗いをし，乾燥させておきましょう。

　その他の準備として，製作の際に使用する画用紙，木工用ボンド，クレヨン，マジック手拭き用布巾なども用意します。

内容
　自分が興味をもった葉っぱ，草花，木の枝，木の実などをよく観察し，何に見えるか，それらをどのように見立てられるかなど，想像します。

　画用紙の上にそれらの自然物を並べて何かを描いてみましょう。構図が決まったら，木工用ボンドなどで貼り付け，必要に応じてクレヨンやマジックなどで絵を描きたし，より具体的な作品に仕上げていきます。

　木の枝や葉っぱが動物に見えたり，何かをしているところを想像したり，海の中や公園，家などの世界を描いたり，自由な発想でさまざまなものに変身させてください。できた作品にタイトルをつけてみるのもおもしろいですね。

留意点

　どんぐりなどの実の中には，害虫がいる場合が多いので沸騰したお湯で煮たあと，よく乾燥させるか，1週間程度冷凍して乾燥させると，長期間の保存が可能となります。

発展・応用

　実際の保育でも，子どもの製作活動に自然物を用いることができます。さまざまな自然に興味・関心をもって関わり，そこからイメージを膨らませることができるような環境づくりを心がけましょう。　　　　　　　　　【Hiro】

学生の作品「うさぎの親子」

学生の作品「メリーゴーランド」

学生の作品「木の葉でかくれんぼ」

学生の作品「ライオン」

学生の作品「恐竜」

学生の作品「犬のおまわりさん」

5 手品でお話

　実習にむけて，子どもの前で演じることのできるお話や手品などを用意しておくとよいでしょう。実習が始まってからでは，ゆっくり準備することができませんから，慌てないためにも実習前にいくつか用意しておきましょう。

　ここでは，封筒でつくった簡単な手品を基本の形にして，お話をつくります。一からお話をつくるのが苦手な人も「封筒を使った手品の形式で」という制限があると，おもしろいアイデアが出てくるかもしれません。手品の不思議さとお話の楽しさを合わせながら，オリジナルのストーリーをつくってみましょう。

　作品ができあがったらクラスメイトの前で演じてみて，お互いに学び合い，演じる技術を磨いておきましょう。事前に何度も練習しておくことがたいせつです。

ねらい
・帰りの会などの集まりや，活動の導入などで使える「封筒を使った手品」をつくる。
・テンポのよい展開のしかたを，学生どうしで学び合う。

準備物
大きめの封筒（同じ色，同じ大きさのもの2枚），画用紙，その他，画材（絵の具）など

製作の手順
① 封筒は，2枚のうち1枚の背中の部分を，きれいに切り取ります。
② もう1枚の封筒の中に，背中の部分の紙を入れます。
　（これで，封筒の中に仕切りができます）
③ 手品になるようなストーリーを考えます。
④ ストーリーに添った小物を画用紙でつくります。
⑤ できあがったストーリーを発表し合います。

展開
① 見ている子どもたちには，「タネも仕掛けもない1枚の封筒である」ということを伝えます。（仕切りを片方に寄せ，封筒の中をみんなに見せます。仕切ってある見せない方には，タネを仕掛けておきます。）
② 「では，ここに，○○を入れます。」と，一つひとつ封筒に入れるものを確認して入れます。
③ 「さあ，おまじないをかけますよ。ちちんぷいの～ぷい！」
　（このおまじないの言葉をオリジナルなもの

にしても楽しいです）
④子どもの前で入れた小物は仕切りで隠しておき，あらかじめ仕掛けてあった方のものを取り出します。
（すると入れたものが，おまじないによって，封筒の中で変化したように見えます。）

留意点・発展など

・使用する封筒の色と大きさは，必ず同じにします。
（色がちがうと，仕切りが目立ってしまいます。）
・最初に封筒の中が空だということを，必ず確認します。
・ストーリーは，簡単なものにして，長くならないようにします。
・子どもたちがよく知っている手遊びなどをストーリーにしても楽しいです。
　たとえば，カレーライスの手遊び（図）
（「にんじん，たまねぎ……」と材料を一つひとつ確認しながら封筒に入れ，おまじないのあとには，あらかじめ封筒の中に入れておいたカレーライスが出てくる。）
・おまじないのあと，封筒の中の物が糸でつながってたくさん出てくるというようなアイデアも楽しいでしょう。
・話の展開のしかたにより，手品の不思議さが際立ちます。他の学生の発表を聞いて，テンポのよい展開を学び合いましょう。

【早足うさぎ】

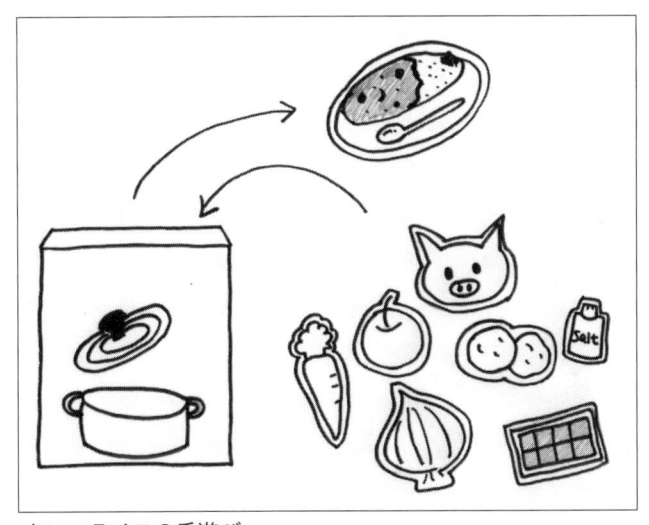

カレーライスの手遊び

6 自己紹介紙芝居

　実習に行くと，最初にすることが自己紹介です。たくさんの子どもを前にすると，緊張してしまう人も多いかもしれません。子どもにどのようにアピールするかによって，その後の子どもとの関係にも影響していきます。ただ名前を言うだけでなく，子どもに好印象を与えるような自己紹介を実習前に考えておくとよいでしょう。ただ話をするのではなく，視覚的なものを使うのも効果的です。名前をクイズ形式にしたりすると，子どもにも楽しんでもらえるでしょう。この授業では，スケッチブックを使ったクイズ形式の自己紹介を考え，紙芝居を作成します。

ねらい
・自分の名前を印象が残るようにくふうして，自己紹介の紙芝居をつくる。
・発表をとおして，子どもに対する問いかけのしかたや対応を学ぶ。

準備物
スケッチブック，カラーペン，クレヨンなど

製作の手順
①名前の一文字ごとにクイズの問題を考えます。
②スケッチブックに絵を描いたり，しかけをつくったりします。
③発表する時のシナリオ（問かけする時の言葉など）を考えます。
④できあがった紙芝居を発表し合います。

発表例
①「今日は私の名前の紙芝居をつくってきました。名前を当ててね。」と言って始めます。
②頁をめくり，はじめの絵を見せ，「何でしょう？」と問いかけ，子どもから答えを引き出す。
③名前のヒントになるように，「こいのぼりの『こ』」と頭の音を強調して伝えます。それぞれの言葉の問題をくり返します。
④問題が終わるごとに，「こ…ば…や……」と頭の文字を続けて言い，名前が考えやすいようにします。
⑤最後に自分の名前を伝え，あいさつをします。

留意点・発展など
・文字を使った場合，年長向けになるので，年少向け用のものは別に考えて作成してもよいでしょう。
・問題を出す時に絵の一部を見せるようにしたり，仕掛けをつくったりして，クイズの出しかたをくふうしてみましょう。
・名前から問題を考える時，答えてもらうのは

子どもということを考慮して，子どもが当てやすいものを選びましょう。

【くにぷー】

【小林さんの紹介紙芝居例（名前）】

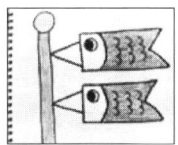

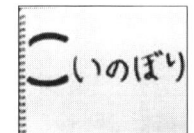

「こいのぼりの『こ』」

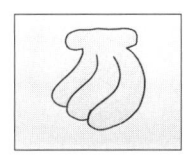

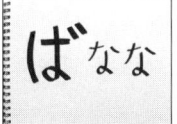

「ばななの『ば』」

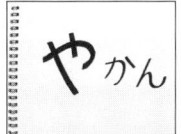

「やかんの『や』」

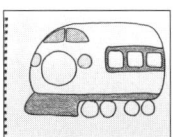

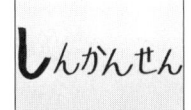

「しんかんせんの『し』」

【年少用の好きな物の例】

形を隠して

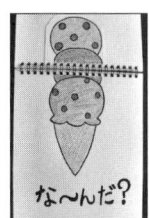

紙をめくると

7 身体で表わすトレーニング

　お遊戯もダンスも体操も演劇も，とにかく身体をつかったパフォーマンスが苦手。そんな人でも，グループの仲間といっしょなら和気あいあいと楽しく身体をつかって表現し合うことができます。ここでは，身体で表わしながら人と関わる楽しさを味わえるような5つのトレーニングを紹介します。

ねらい

・他者とかかわり合いながら，身体で自由に表現し合うことを楽しむ。
・人間の身体や動きがさまざまなメッセージを発する表現媒体であることに気づく。
・身体の動きによって，見えないものが見えてくる不思議さを味わう。
・他者と即興的に役割を取り合いながら，一つの場面を演じることを楽しむ。

(1) 名前にふりをつけて自己紹介

　まずはウォーミングアップです。自分の（下の）名前に即興でふりをつけて仲間に紹介しましょう。仲間はそのふりと名前をなぞって返してくれます。

①全員（20人以上の場合はグループに分かれて）で向かい合って円になる。
②1人ずつ順番に，自分の名前に自由にふりをつけて自己紹介する。
③他のメンバーは自己紹介した人のふりを真似て名前を呼ぶ。
④順にくり返して，全員の自己紹介が終わったらおしまい。

(2) 人間オブジェ[1]

　1人ずつ順にポーズをとりながら，グループで人間オブジェをつくっていきます。どんなオブジェができるでしょうか。最後のメンバーのイメージで作品に名前をつけます。

①6人グループに分かれて，「1」～「6」の順番を決めます。
②「1」の人が好きなポーズをとります。
③「2」の人は「1」のポーズを真似て好きな位置に入ります。
④「3」の人は別の好きなポーズで好きな位置に入ります。
⑤「4」の人はまた別の好きなポーズで好きな位置に入ります。
⑥「5」の人は「1」～「4」までの人のつくったオブジェをまとめるつもりで新たなポーズを考えて（好きなポーズで好きな位置に）入

ります。

⑦「6」の人は5人でつくったオブジェを観て，直感で自由に命名します。

⑧「1」～「6」の役割を順にずらしてとっていき，全員がすべての役割をとったらおしまい。

(3) 1枚の写真

お題として出されたある場面を写真のなかの登場人物（モノや動物などでも可）になって表現します。ただし，グループ内でお互いの役の取り方（ポーズのとり方）を事前に相談してはいけない（すべて無言で行なう）というルールがあります。相手のチームに何の写真なのかを当ててもらいましょう。

① 2つのチーム（演者チーム・観客チーム）に分かれる。

② 演者チームは，授業担当者に提示されたお題（例：結婚式・運動会・海水浴など）を聞く。

③ 1人ずつ順番に1枚のフレーム（空間）のなかに考えたポーズをとって入っていく（静止画となるように入ったら動かない）。

④ 全員が入って1枚の写真ができたら，観客チームに何の場面の写真なのかを当ててもらう。

⑤ 演者チームと観客チームを交代する。

(4) 空気で遊ぼう

空気のボールから空気の大縄跳びへ，動きによって何もないところからしだいにボールや大縄が見えてきます。

① 2人組になって，空気のボールのキャッチボールをする。

② 2つのチームに分かれて持っている空気のボールを集めて大玉をつくる。

③ 2つのチームで，空気の大玉送り競争をする。

④ 空気の大玉をみんなで伸ばして，1本の大縄にする。

⑤ 代表者2人で大縄を回して，他の人は順に跳んでいく。

(5) なりたいものになる！

簡単な即興劇でグループのメンバーがなってみたい役を演じさせてあげましょう。みんなで役をとりあって，主役がなりたい役になりきれるような場面を設定し，ごっこ遊びの感覚で即興的に演じていきます。

① 6人～10人程度のグループになる。

② 1人ずつ主役になって，自分のなってみたいものを言う。（例：つばめ）

③ グループのメンバーは劇中にどんな役割が必要か話し合って役割を分担する。（例：つばめの渡り仲間たち，つがいのつばめ，ヒナたち，巣，卵，虫，電柱，つばめの巣をながめる子ども，つばめを撮影する人，ヒナを襲おうとするネコ，風など）

④ おおまかな場面設定をして即興劇を行なっていく（状況に応じて途中で役割を変えたり増やしたりしてもよい）。

⑤ 主役を交代して，全員が主役をやったらおしまい。

【キューティ深海魚】

---

1) 浜田駒子　1997　自分を変える心理劇　旬報社

8 レッツ！ ゴムとび

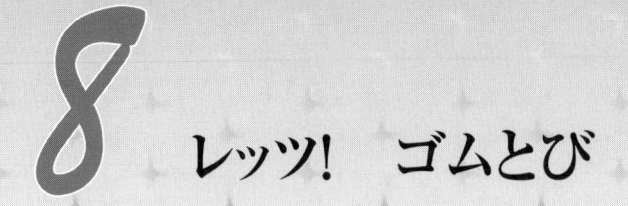

　近年，地域で異年齢集団をつくって遊ぶ姿が少なくなってきました。このようななか，幼稚園や保育園は遊びが受け継がれる貴重な場であり，保育者は子どもたちに遊びを伝承していく担い手となります。授業でも伝承遊びをはじめとするさまざまな遊びに触れ，ぜひ子どもたちと実践してください。ここではなじみ深いゴムとびの伝承遊びを紹介します。

ねらい

- 伝承遊びに触れる。
- 手足や身体全体をコントロールすることができる。
- 身近なものを用いて，仲間といっしょに身体を動かす遊びを楽しむ。

準備するもの

家庭用ゴムひも（長さ3〜4mのものを輪にする）

遊び方

5〜6人程度のグループで実践する。

(1) ゴム段

①グループのなかで，2人が1本のゴムひもを張った状態で持つ。

②足首の高さを「1段」，膝を「2段」，太ももを「3段」，おへそを「4段」とし，1段→2段→3段→4段と高くしていく。

③それぞれの段で，ゴムを持っている2人がゴムの跳びこしかたを決め，他の人たちに伝える。たとえば，「片足とび」「カエルとび」「うさぎとび」「ハードルとび」など。ゴムを持っていない人は，指定されたとび方でとぶ。

④ゴム持ちを交替しながらくり返したあと，今度はゴムをくぐる遊びをする。ゴムの高さは4段→…→1段の順に低くしていく。とぶ遊びと同様に，ゴム持ちがくぐり方を指定し，他の人がくぐっていく。

(2) いろはにこんぺいとう

①2人がゴムひもを持ち，他の人はゴムを背にして待つ。

②「いろはにこんぺいとう」と言いながら，ゴムひもで自由に形をつくる。

③形ができたら「上，下，真ん中，どーれだ？」と声をかける。

④待っている人はそれぞれが「上」か「下」か「真ん中」のどれかを口にし，振り向く。

⑤口にした場所を跳んだりくぐり抜けたりする。

⑥ゴムひもに身体が触れてしまった人が，次はゴムひもを持ち，遊びをくり返していく。

(3) グーパーグーふみ

① 2人がゴムを両足首にひっかけ，足を肩幅程度に開く。
② 他の人は1人ずつ挑戦する。
③ 最後までクリアしたら，次の人が挑戦する。高さを膝にすると難度が高くなる。

展開・発展

・歌に合わせてゴムとび

（3）①と同様にし，決まった動きを歌に合わせてくり返します。
たとえば，動きを「グー」でゴムの間で足を閉じる，「パー」でジャンプして2本のゴムをまたぐ，「チョキ」で両側のゴムを踏む，と決めます。「グー」「パー」「グー」「パー」「グー」「チョキ」「パー」「（休み）」の動きを4拍子の歌に合わせてくり返します。「きらきら星」「大きな栗の木の下で」など，好きな歌に合わせ，リズムに乗って動きます。

・バンブーダンス

竹の代わりにゴムひもを用います。バンブーダンスの動きを3拍子の歌に合わせてくり返します。

【ヤンヤン】

【グーパーグーふみ】

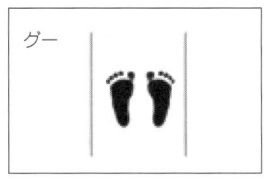

「グー」
ゴムの間で足を閉じる。

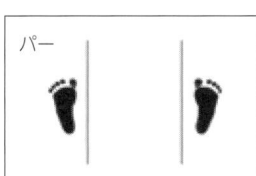

「パー」
ジャンプして両側のゴムをまたぐ。

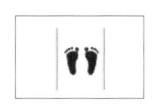

「グー」（同様）
ゴムの間で足を閉じる。

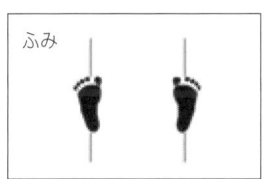

「ふみ」
両側のゴムを踏む。

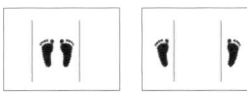

「グー」「パー」（同様）。

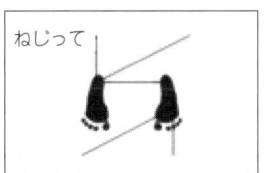

「ねじって」
180度うしろを向く。

「ピョン」
体の向きを変えずにジャンプしてゴムの間に着地する。

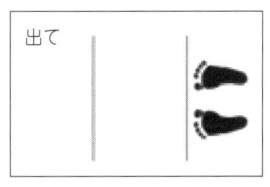

「出て」
ゴムの外側どちらかに出る。

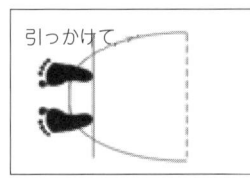

「引っかけて」
手前のゴムを足首に引っかけ，もう一方のゴムをまたぐ。

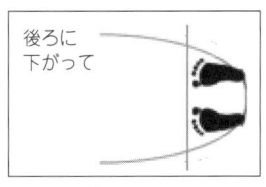

「うしろに下がって」
そのままうしろに下がる。

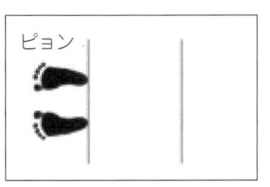

「ピョン」
もう一方のゴムを跳び越す。最後はゴム2本が絡まらずに並んだ状態。

コラム9

製作などを一斉活動で進める場合，一人ひとりの進度のちがいがあり進め方がわかりません。

　子ども一人ひとりのペースで製作活動を十分楽しめるようにするためには，まず「すべて一斉に同じ活動を」とは考えないことがたいせつです。導入からつくり方の説明までは一斉に行ないますが，子どもが製作にとりかかったところからは，進度のちがいを意識して時間的な余裕と自由感のある計画をたてるとよいでしょう。自分なりに「これでおしまい」「できあがり」を決めるのは基本的には個々の子どもです。製作に時間がかかる子どもへの個別の援助も必要ですが，一方で早くできた子どもが「ただ待つ」だけの時間にならないように計画を練ることがたいせつです。

　「早くできた子どもから絵本を読んで待つ」などの流れでも悪くはないのですが，できるだけ製作に関連した活動につなげたいものです。製作する物にもよりますが，たとえば「飾る物」であれば，簡単にできて材料に余裕があるようなら，「もう一つつくる？」と提案してみたり，できた作品を陳列・掲示する場所を，早くできた子どもと相談しながら整えていったり，かたづけのお手伝いを頼んだりすることである程度時間の調整ができます。「つくった物で遊ぶ」活動であれば，早くできた子どもは自分の製作物で早く遊びたくて待ちきれない気持ちでしょう。できた子どもから遊べるコーナーを（はじめは小さめに）つくっておき，しだいに製作コーナーを縮小し遊びのコーナーを拡大していくなど，環境構成をくふうすることで進度の調整をすることもできます。

　とはいえ，実習生に与えられる時間には限りがありますので，ゆっくりペース・じっくりペースの子どもにも適当なところで時間的な区切りをつけなくてはならないでしょう。「続きは自由遊びの時間にしようね」などとつくりたい気持ちに配慮した言葉をかけて，次の活動へとうながしましょう。　【キューティ深海魚】

コラム10

発表会の練習ではどうしても保育者が主導的になってしまいますが，どうすれば子ども主体の練習の進め方ができますか？

　幼稚園や保育園での発表会では，保育者の，指揮というよりむしろ指示に動かされているような演奏を見ることが少なくありません。残念ながらその発表からは，音楽を感じたり楽しんだりしている雰囲気が伝わってきません。

　発表会に向けての練習をしていると，「もっとうまく」と思ってしまうのは自然なことです。しかしこの時，発表会が何をめざしているのかということを，思い返してみましょう。練習のなかで，子どもの一人ひとりが，「表現したい」という気持ちをいだいているでしょうか。

　練習では，技術指導が，子どもの「表現したい」という気持ちに先行しないことが重要です。「どんな音がするのかな？」といった子どもの好奇心よりさきに，もち方や鳴らし方を教え込んではいませんか？　これでは，子どもの創造性を摘み取ってしまうかもしれません。「今，どんな音が求められているか」と考えることが音楽表現を深めることであり，「こんな音を出したい」と試行錯誤することが，正しい持ち方や奏法につながるのです。

　また，発表会での音楽表現を，ふだんの保育につなげるくふうもたいせつです。たとえば，子どもが自由に楽器を鳴らして遊ぶなかで生じた音に保育者が共感したり，子どもの気づきをみんなで共有したり，楽曲に出てくるリズムを言葉に置き換えて遊んだりなど，いろいろなくふうがありそうですね。「笑った声で」，「小鳥さんみたいに」，「ピンクのカバさんになってみよう」など，言葉かけをくふうすることで，歌声の変化を楽しむこともできるでしょう。こうした経験を重ねるなかで，子どもは「こんなふうに表現したい」という気持ちになるでしょう。

　感性は，表現を深めることで豊かになります。子どもから音楽のアイデアを引き出しつつ，表現を深めるくふうを考えてみましょう。【tama】

第2部

記録から計画立案へ

第1章
記録の書き方

　実習日誌は学生が一番負担に思うことですね。実習で疲れていても毎日必ず書かなければなりません。でも，その日誌を書くことで，1日の実習をしっかりとふり返ることができるのです。書けない部分があるということは，ボーっと過ごしていて記憶がないか，その場にいてもきちんと見えていなかったのかもしれません。「書けないところ」がわかることで，次の日にはそれを意識した実習ができるかもしれません。

　記録があるから計画もたてられるのです。記録がなければ保育者になるための実習を行なったとはいえません。なぜ記録を書かなければならないのか，それをどう活用するのかをきちんと理解し，記録の書き方のポイントをマスターすれば，毎日の日誌も楽しく書けるようになるかもしれませんね。

1　実習に欠かすことのできない記録

　学生が実習でよくつまずくことの一つに「実習記録が書けない」という問題があります。子どもたちと元気に走り回って遊ぶことは楽しい、子どもはかわいい、けれども「日誌を書くのはイヤ」という学生もよくみかけます。でも、記録を書かないで、ただ子どもたちと「遊んでいる」というだけで、実習を行なったといえるでしょうか。保育の現場は子どもたちが生活する場であると同時に、「育っていく場」でもあります。子どもの心と身体が健康で、豊かに、バランスよく成長していくためには、子どもの発達過程を理解し、今の子どもたちに必要な経験は何か、何が育っていて何が育っていないのかを見極め、必要な経験が積み重ねられるよう環境を整えたり適切な援助を行なったりする必要があります。

　実習では、日々の生活のなかでの子どもの実態を十分に理解すること、そしてどのような援助が必要かを考え、しっかりとねらいを立てて次の保育につなげるという「子どもの実態を理解する→計画をたてる→実践する→反省・評価する」といった計画と実践のフィードバック関係のサイクルを実際に経験することができます。そのためには、何をおいても「記録」がたいせつとなります。

　この章では、「なぜ記録を書くのか」をもう一度整理し、「計画、実践に生かせる記録」を書くためにはどうすればよいかを考えます。そして、実際の実習記録の書き方のポイントについて、具体的に事例をあげながら説明します。

2　なぜ記録を書くのか

　実習で記録を書く理由はたくさんありますが、大きくは次の二つでしょう。

①その日1日あるいは1週間をふり返り、見たことや感じたことを客観的にとらえてみることにより、できたこと・できなかったことを整理する。

　実習では、1～2日ずつちがう年齢のクラスに配属されることがあります。発達のちがいを理解するうえでも、また年齢のちがいによる興味・関心や遊ぶ姿のちがいなどを理解するうえでも、異年齢のクラスをみることはよい経験です。しかし一方で、短期間でさまざまな年齢のクラスに配属されることで、1つのクラスの子どもたちとじっくり関わるという経験はできなくなってしまいます。あとで実習をふり返ってみたときに、その年齢の子どもたちの様子が思い出せなくなってしまうこともあります。たった1～2日間であっても、そのクラスや子どもを深く理解するためには、1日の実習が終わったあと、その日自分が見たこと、子どもと関わって気づいたこと、感じたことを詳細に記録しておき、あとで読み返した時にすぐに状況が思い出せるようにしておく必要があります。

　また、実習中1週間ごとにふり返りを行ない、できたこととできなかったことを整理してまとめておくことで、それらを反省として翌週の実習につなげていくことができるでしょう。実習後には次の実習、あるいは就職してからの保育に生かすこともできます。実習記録は一生の宝物と思い、1日1日の記録をおろそかにしないよう丁寧に詳細に書き残しておきたいですね。

②責任実習で保育をするために、日々の記録か

ら子どもの実態を明らかにし，指導計画に反映させる。

実習には，「園生活の流れを理解し，子どもと関わりながらもその実態や保育者の仕事，援助や環境の構成の方法を見て学ぶ」見学または観察実習と，「実際に担任保育者と同じ役割をもって，全日あるいは1日の一部分，責任を任されて保育を行なう」参加実習と，二つの実習段階があります。責任実習を行なうためには，担当保育者の指導助言を受けながら事前に指導計画案をたてます。指導計画案のたて方については，第2章で詳しく説明しましたが，計画立案には，責任実習を行なうクラスの子どもたちが，今どのような発達段階にあるのか，何に興味をもっているのか，仲間関係はどのようか，どのような経験が必要かという「子どもの実態」を十分理解したうえで，それらに沿った計画をたてる必要があります。そのためには，日々の記録に子どもの実態が詳細に記されている必要があります。

また，その園で，あるいはそのクラスで毎日行なわれているルーティン（朝の集まりやお帰りの時間のもち方，昼食の際の段取りなど）については，毎日の保育をよく見て同じように進めなければなりません。したがって，「記録がなければ指導計画案はたてられない」ということが原則といえます。

しかし実際には，実習に入る前にあらかじめ指導案の提出が求められることも少なくありません。そのようなときは，実習中に事前にたてた指導計画案を子どもの実態に即して修正する必要がありますね。そのためにも「子どもの実態がわかる記録」を心がけましょう。

3　計画，実践に生かせる記録

(1) 事実把握と実態把握

指導計画案に反映させ，また実際に実践に生かせる記録にするには「子どもの実態を把握する」こと，そしてそこから子どもの興味や関心がどこにあるのかということや，必要な経験は何かというねらいを明確にする必要があります。ここでは「実態を把握する」ための記録の書き方について考えてみましょう。

河邉（2005）は，記録を書く際には事実把握と実態把握を区別して書く必要があると述べています。事実把握とは，実際に子どもたちがどこでだれと何をどのようにして遊んでいたかという，実際に起こったこと，見たことを把握することです。河邉は，入園直後など，初めて出会う，行動パターンもわからない大勢の子どもと一時に向き合ったときに，すべての子どもの行動の事実を情報としてすばやくインプットしなければならない時期には，事実把握は有効な手がかりになると述べています。このことは実習にもあてはまりますね。2～3週間の実習のなかで，しかも責任実習をさせていただくクラスの子どもたちとはそれほど多い日数を関われない状況のなかでは，まず，どこでだれが何をどのようにして遊んでいるかという事実をきちんと素早く把握しておく必要があります。

しかしその一方で，事実だけでは「子どもに必要な経験は何か，どう援助するべきか」といった援助の方向性は見えてきません。それを考えるために必要になってくるのが実態把握です。実態把握は河邉によると，「事実の間の行間から子どもの内面（興味関心の変化，遊び課

題・遊びにおける経験・周囲の環境へのかかわり・他者へのかかわりなど）を読み取っていくこと」です。つまり実態把握とは，子どもにとって必要な経験は何か，興味・関心はどこにあるのかを理解したうえで，次の計画につながるねらいを明確にしていく作業といえます。

ですから，記録を書く際には，できるだけ事実と実態を切り分けて書いておいたほうがよいでしょう。「砂場でAちゃんとBちゃんがスコップを使って仲よく遊んでいる」というような記述だと，「仲よく」の具体的な状況がわからないため，必要な援助や環境構成は見えてきませんね。「仲よく」と書いたのには，「仲よく遊んでいる様子（事実）」があったはずです。それを詳細に書いておきます。たとえば「『いっしょにお山をつくろう』とAちゃんがBちゃんに言い，いっしょにスコップで砂を集めて山をつくり，トンネルを掘ったり水を流したりする。」というように事実を詳しく書いておくと，2人が協力して一つの遊びを発展させていく様子がわかります。この事実把握から，「仲のよい友だちと協力していっしょに遊ぶことを楽しんでいる」という実態を読み取ることができますね。この子どもたちには，さらに遊びが発展するような援助や環境構成をくふうするという援助の方向性やねらいが見いだせるでしょう。

(2) ねらいを導き出す記録

では次に示した実習生S君の実習記録から「事実と実態」を切り分け，ねらいを導き出してみましょう。

S君の実習記録（5歳児6月の様子）

[学級の様子]
○ドッジボールや鬼ごっこではルールを守れない子がいたが，ルールを守って意欲的にやろうとする姿もみられる。うんていや鉄棒では手にマメをつくりながらも必死に取り組む姿がある。
○友だちとの遊びのなかで，自分の思いがうまく伝えられなかったり，友だちの思いに気づけなかったりすることがあるが，好きな遊びを数人の友だちといっしょに楽しめるようになってきている。

[遊びの様子と考察]
○円形ドッジボールでは，何人かの友だちと楽しく遊んでいるが，ルールを守れない友だちや年中児が参加してくると，楽しめなくなってしまうことが多い。大勢の友だちとのかかわりを広げながら，思い切り投げたり，逃げたりする楽しさが味わえるようにしていきたい。
○うんていや鉄棒などに，繰り返し挑戦している姿がみられる。自分の力を発揮する喜びや，がんばっている姿を認め合う友だち関係が育つように援助したい。
○へびじゃんけんではチームに分かれて競い合ったり，何度もじゃんけんに挑戦したりして遊んでいる。自分のチームの友だちを応援したり，年中児といっしょに楽しんでいる姿が見られる。
○砂場遊びでは，お互いの考えを出し合いながら，気の合う友だちとの遊びを楽しんでいる。遊びのなかで，自分の考えを出したり，友だちの考えを受け入れたりしながら遊びを楽しませていきたい。
○鬼ごっこでは元気に身体を動かして遊んでいる子どもが多い。しかし，つかまりそうになったり鬼になったりすると，タイムをしたり，ルールを変えたりすることがある。ルールを守って遊ぶことのたいせつさを知らせていきたい。

S君のこの記録から，この時期の5歳児の子どもたちが，ドッジボールやうんてい，へびじゃんけんなど，外で身体を動かして遊ぶことに興味をもっていること，友だちといっしょに遊ぶ楽しさを感じている様子がうかがえます。また，＜学級の様子＞と＜遊びの様子＞に分けて書かれているところもよいですね。子どもの様子がよく伝わってくる記録ですが，「ねらいを導き出す」ためには，＜考察＞の部分を実態把握からねらいにつながるよう，より詳しく書いた方がよいでしょう。たとえば次のような記録の方法が考えられます。

S君の記録から読み取れる実態把握とねらい

[考察]
○うんていや鉄棒，ドッジボールなど，園庭での遊びで自分のやりたいことを見つけ，意欲的に取り組もうとする姿が見られる。
○好きな遊びを数人の友だちといっしょに楽しめるようになってきている。
○お互いの考えを出し合いながら，気の合う友だちとの遊びを楽しむ姿がみられる。
○チームに分かれて競い合い，何度も挑戦する姿が見られる。仲間を応援したり，勝った時にいっしょに喜びあえる仲間関係が育ってきている。
○ルールのある遊びでは，ルールを十分に理解できない子どもや年中児が遊びのなかに加わると，理解できている子どもとそうでない子どもの間で，トラブルも発生する。また，自分が負けそうになるとルールを変更しようとするなど，自分の意見を押し通そうとする姿も見られる。自分の思いがうまく伝えられなかったり，友だちの思いに気づけなかったりするようである。

[ねらい]
○大勢の友だちとのかかわりを広げながら，思い切り投げたり，逃げたりする楽しさを味わう。
○円形ドッジボールなどルールのわかりやすいゲームをとおして，ルールを守って遊ぶことの楽しさを知る。
○ルールのある遊びをとおして，自分の考えや意見を言葉で伝えたり，友だちの話をよく聞きその思いに気づく。
○気の合う友だちとお互いに考えを出し合いながら，くふうして楽しく遊ぶ。

このように実態把握を明確にし，ねらいをたてることにより，どのような遊びを提案していくのか，どのような環境を構成すべきか，どのような援助が必要かなどが明らかになりますね。実習生が責任実習での指導計画案をたてる時にも役立つ記録となるでしょう。

（3）実習記録の書き方のポイント

先ほど紹介したS君の記録は，毎日の実習記録に書かれたものではなく，責任実習に向けて指導計画をたてる際の「子どもの姿」の把握として記録されたものです。日々の実習記録では，このように子どもの実態を詳細に記録していくことは困難かもしれませんが，1週間ごとに記録のまとめとして書いておくのもよいでしょう。

また，毎日書く日誌については，養成校や園によって書式はまちまちですが，共通している内容も多いと思います。ここでは，おおむねどの日誌にも記録すべきこととして記されている内容について，書き方のポイントを紹介しましょう。

①実習までに書いておく内容

日誌の初めの部分に書く内容はさまざまですが，実習園の概要やオリエンテーションで受けた指導内容，実習に臨んでの自己課題，園庭や保育室の環境を書く欄があります。実習園の概要やオリエンテーションでの指導内容は，実習園の保育方針や実習の心構えなどですから，実習前に記入してしっかり頭に入れておきましょう。また自己課題は，実習にあたって何を学ぼうとしているのかを，自分自身忘れないために，また園長先生や指導の先生にも理解していただくために書くことです。これも実習期間中にたびたび読み返すようにしましょう。

園庭や園内の環境図は保育者の環境構成のしかたを知るためにも，また責任実習にあたって環境構成を考えるためにも重要です。日誌にしるすとともにきちんと覚えておいて，それぞれの場でどのような遊びが展開されているのかを見たり，その環境の特性を理解したりすることに役立てます。

②日々の記録

日誌の書式は養成校によってさまざまですが，おおむね共通している項目として，日付，配属クラスと園児数，指導者氏名，そして保育のねらいや実習のねらいを書く欄があります。これらの欄はあとで記録を読み返したりする際に重要な情報となりますので，毎日必ず書きましょう（記録①参照）。とくにたいせつなことは「保

育のねらい」と「実習のねらい」をきちんと書いておくことです。

「保育のねらい」はその日，配属クラスの担任保育者が何をねらいとして保育をするかを書く欄ですから，毎朝あるいは前日に必ず確認しておきます。そのうえで自身の「実習のねらい」を考えます。「実習のねらい」の立て方は，実習段階や何日目かということによっても変わってきます。初めて配属されるクラスでは，「クラスの子どもがどのような遊びに興味をもっているのかを知る」，「友だちとのかかわり方を把握する」といったことでもよいでしょう。その園にきて1週間以上すぎているのに「1日の生活の流れを知る」というようなねらいは好ましくないですね。実習生も1日1日成長していくわけですから，自分の実習の進み具合によって，発展的にねらいをたてることがたいせつです。

また，前日の反省を生かしたねらいをたてるのもよいでしょう。積み残したことやできなかったことがあった場合，翌日の実習で再度挑戦するという姿勢もたいせつです。あるいは，担任保育者の立てた「保育のねらい」に沿った「実習のねらい」をたてるのもよいでしょう。記録①のように，「友だちとイメージを伝えあったり，ルールを話し合ったりしながら遊ぶ」という「保育のねらい」であれば，「子どもたちはどのようにして言葉で自分のイメージを伝えるのだろう」，「うまく理解しあえない場合，保育者はどう援助するのだろう」という関心をもって保育を観察することもたいせつです。

どのような「実習のねらい」をもつにしても，曖昧なことではなくなるべく要点を絞って具体的に立てておきます。「子どもの発達を知る」といっても発達もさまざまです。運動機能の発達なのか，仲間関係の育ちなのか，あるいは責任実習をするクラスであれば，のりやはさみは使えるのか，どの程度まで遊びが深まっているのかなどをしっかり観察するために，具体的なねらいを立てましょう。また，その日の反省や感想欄は，自分のたてた「実習のねらい」がどの程度達成できたのか，できなかったのかも含めて記録しておきます。

多くの養成校では，日々の記録は時系列に沿って書く書式を採用しています（記録②参照）。時間，環境構成，子どもの活動・姿，保育者の援助と配慮，そして実習生の動き・気づいた点などを，時間の流れに沿って書くというものです。各欄に何をどのように記録するかは，記録②を参照してください。日誌を書くときにはすべてを詳細に書きしるすことができることが最も好ましいのかもしれません。しかし，それではとても長い記録になってしまいますし，その日，実習生が何を中心に据えて実習を行なったかという焦点もぼやけてしまうかもしれません。日々の記録のなかでは「保育のねらい」や「実習のねらい」に沿って，自分がその日関心をもって見たこと，関わったことを分厚く記録しましょう。日誌に書ききれなかったことは反省・感想欄や自由記述欄，あるいは1週間のまとめにするなど，別の欄に記録しておきましょう。

【Hiro】

参考文献

河邉貴子　2005　遊びを中心とした保育—保育記録から読み解く「援助」と「展開」　萌文書林
岡本拡子　2007　実践のための実践：保育者養成における「学び」　西條剛央（他編）　エマージェンス人間科学
　—理論・方法・実践とその間から　北大路書房

【実習記録の例①】

- 天候によって遊びの内容も変わるので，必ず天候を記録しておく。
- 配属クラス，年齢，その日の出席者数を書く。
- 指導担当の先生の氏名を書き，印をもらう。

実習生氏名：○○○○

6月5日（火） 天候　晴れ	5歳児　男児　10名　女児　12名 白組　欠席　なし	指導者氏名　　　　　　　△△△△　先生	印
保育の ねらい	○ごっこ遊びや鬼ごっこなどをする中で，友だちとイメージを伝えあったり，ルールを話し合ったりしながら遊ぶことを楽しむ。			
実習の ねらい	○積極的に子どもたちと関わり，一人ひとりの様子を把握する。 ○友だちどうしの言葉のやりとりやかかわりの様子を観察する。 ○保育者の援助のしかたを学ぶ。			
時間	環境構成	子どもの活動および姿	保育者の援助と配慮	実習生の動き・気づいた点

「実習のねらい」は，次のようにたてる。
① 前日の実習の反省点からその日のねらいをたてる。
② 配属クラスの子どもの様子を十分把握できていない時は，その年齢の発達の理解，または一人ひとりの子どもの様子，何に興味をもっているかを知ることから始めるのもよい。
③ 担任保育者の「保育のねらい」を理解し，そのねらいに沿った保育者の援助方法を理解する。

その日の「保育のねらい」は，保育が始まる前に，担任保育者にたずねておく。

【実習記録の例②】

> 時間は活動の流れを理解するうえで重要なポイントになるので，時間を確認する習慣を身につけ，必ず記録する。

実習生氏名：○○○○

6月5日（火） 天候　晴れ	5歳児　男児 10名　女児 12名 白組　欠席　なし	指導者氏名　　　　△△△△　先生	印
保育の ねらい	○ごっこ遊びや鬼ごっこなどをするなかで，友だちとイメージを伝えあったり，ルールを話し合ったりしながら遊ぶことを楽しむ。		
実習の ねらい	○積極的に子どもたちと関わり，一人ひとりの様子を把握する。 ○友だちどうしの言葉のやりとりやかかわりの様子を観察する。 ○保育者の援助のしかたを学ぶ。		
時間	環境構成	子どもの活動および姿	保育者の援助と配慮	実習生の動き・気づいた点

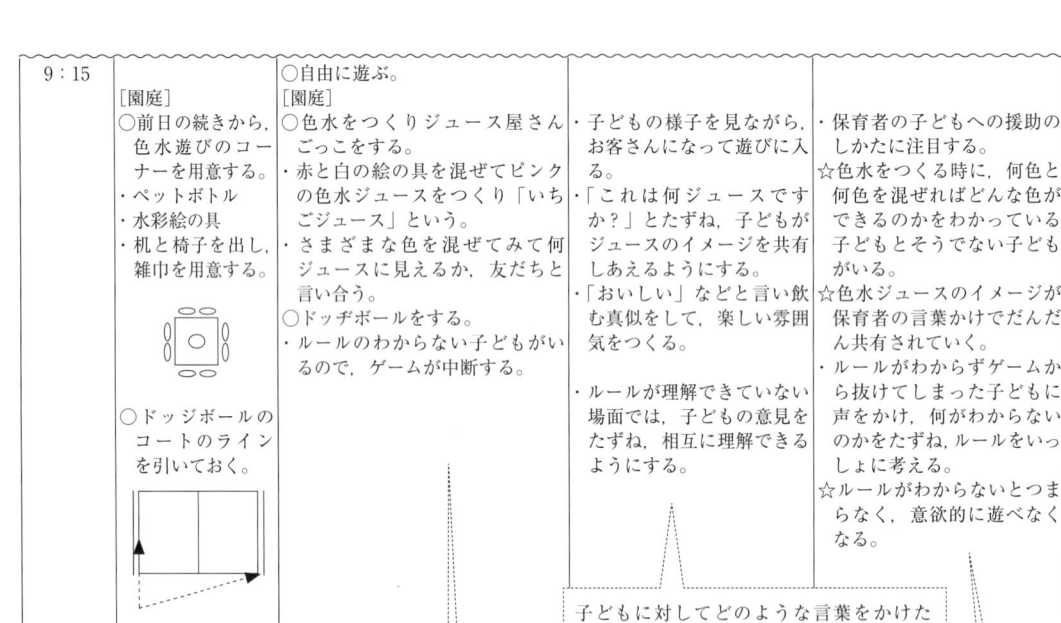

時間	環境構成	子どもの活動および姿	保育者の援助と配慮	実習生の動き・気づいた点
9:15	[園庭] ○前日の続きから，色水遊びのコーナーを用意する。 ・ペットボトル ・水彩絵の具 ・机と椅子を出し，雑巾を用意する。 ○ドッジボールのコートのラインを引いておく。 ・外側の子どもがラインぎりぎりに立たないよう線を引いておく。	○自由に遊ぶ。 [園庭] ○色水をつくりジュース屋さんごっこをする。 ・赤と白の絵の具を混ぜてピンクの色水ジュースをつくり「いちごジュース」という。 ・さまざまな色を混ぜてみて何ジュースに見えるか，友だちと言い合う。 ○ドッジボールをする。 ・ルールのわからない子どもがいるので，ゲームが中断する。	・子どもの様子を見ながら，お客さんになって遊びに入る。 ・「これは何ジュースですか？」とたずね，子どもがジュースのイメージを共有しあえるようにする。 ・「おいしい」などと言い飲む真似をして，楽しい雰囲気をつくる。 ・ルールが理解できていない場面では，子どもの意見をたずね，相互に理解できるようにする。	・保育者の子どもへの援助のしかたに注目する。 ☆色水をつくる時に，何色と何色を混ぜればどんな色ができるのかをわかっている子どもとそうでない子どもがいる。 ☆色水ジュースのイメージが保育者の言葉かけでだんだん共有されていく。 ・ルールがわからずゲームから抜けてしまった子どもに声をかけ，何がわからないのかをたずね，ルールをいっしょに考える。 ☆ルールがわからないとつまらなく，意欲的に遊べなくなる。

> 環境構成は，活動の区切りごとに，園庭または保育室の配置図を書き，子どもや保育者がどの位置にいるのかをしるしておく。活動，遊びに必要な準備物，置かれているモノも詳細に記録しておく。

> 活動ごとに，何をしたかを書くだけでなく，その時の子どもの様子（集中して聞く，うまくできない子どもがいる，友だちと見せ合うなど）も詳細に書く。
> 自由な遊びの時間では，遊びごとにどのように遊んでいたのかも書いておく。

> 子どもに対してどのような言葉をかけたか，どう援助したのかを書くだけでなく，なぜそのようにしたのか，言葉や援助の背景にある保育者の意図やねらいも考えて書く（「～できるよう……する」など）。
> クラス全体だけでなく，個別の子どもへの援助の様子をしるしておく。

> 活動ごとに，自分はどのように子どもと関わったか，どのような言葉をかけたか，どのように行動したかなど，実習生の動きを書くだけでなく，その時にどのように考え，配慮して援助したか，言葉をかけたのかも書く。
> また，保育者の援助の方法のどのようなポイントに注目していたのかも書く。
> 保育者と子どもとのかかわりや，子どもどうしの遊びのなかで気づいたことなどもしるす（☆印などにして区別しておくとわかりやすい）。

第2章

計画立案の方法

　実習生にとっては、毎日の日誌もたいへんですが、さらにたいへんだと感じるのが責任実習ですね。そしてそのための計画立案は最大の難関ともいえます。実習の経験が乏しく、実際に保育のなかで子どもと関わった経験が少ない場合、さらにそれは困難となるでしょう。

　指導計画は本来、実習が始まって、園の様子や子どもの実態が理解できてからたてるものです。では、「実習が始まってから考えて間に合うのか」といえば、そうではありません。実習に出るまでに、計画立案の方法を理解して、基本的なたて方をマスターしておきます。そして実習までに子どもの姿を想像しながら、予測をたてて指導計画案を書いてみるのです。

　「ハサミやセロテープがもっと使えると思った」とか、「こんなに時間がかかるとは思わなかった」というのは、実際に責任実習を終えた学生の感想としてよく聞かれることですが、実習ではこのように、それまでに自分が予測していたことと、どれだけちがうのかというズレを体験することも大きな学びとなるでしょう。そのズレを体験するためにも、実習までに基本的な計画立案の方法は十分に理解しておきましょう。

1 計画立案の方法

(1) なぜ指導案を書く必要があるのか?

指導案を書く理由は二つあります。まず、自分自身がどういう保育をするのかを明確にするためです。1日の流れをどう展開していくのか、活動をどう展開していくのか、実際の保育の流れを事前に考え文章化することで、自分がどういう動きをし、どういう言葉かけをしていくのかを意識化するためです。保育を実践する時には、今自分が何をし、次にどうするのかということを具体的に意識することが、とても重要になります。実習に行き、保育を観察していると、スムーズに子どもが動き、何の問題もなく保育が流れていくようにみえます。1日の流れを観察し、細かなところまで日誌に記録できるようになったとしても、そのまま保育を実践できるかというとそうではありません。「見るのとやるのでは大違い」と言いますが、そのとおりです。保育者は、それぞれの状況によって必要な動きや言葉かけをしているのです。自分を保育者に置き換え、指導案を書くことで、自分が子どもの姿をどのようにとらえていて、どのように援助したらよいのか、環境をどのように設定し、どのような準備が必要なのかを明らかにできるのです。そのため、指導案はできるだけ具体的に書きましょう。一つひとつ細かく考えて書くなかで、この時はきっと子どもがこうしているから、自分はこういう動きをして、こういう言葉をかけよう、そのためにはこういう準備が必要で、環境をこうしようというように、一つひとつ確かめることができ、足りないところ、くふうが必要なところがハッキリしてくるでしょう。

もう一つは、クラスの担任にどのような保育をするかを伝えるためです。実習生にとっては担当するのは1日だけですが、子どもにとっては連続した生活のなかでの1日です。考えた指導案が、子どもの生活を途切れさせるものになってしまわないか、担任の意図する保育とちがうものになっていないかを事前に確認してもらうためです。また、自分の考える活動内容や環境設定を細かく伝えることで、実際に活動することが可能かどうかなど、担任から具体的なアドバイスをもらうこともできるでしょう。そのためには、自分がわかればよいという自分本位な指導案ではなく、他の人が見ても保育の流れや内容がわかるように指導案を書く必要があります。

2 指導案を作成するまでに

(1) 毎日の日誌をしっかり書くこと

実習中に毎日日誌を書くことはたいへんですが、とくに1日の指導案を作成する時には、日誌の記録がとても役立ちます。日誌の内容が、指導案の内容に結び付いていくことを考えてしっかり日誌を記入することがたいせつです。

① 1日の流れ

幼稚園や保育所ではそれぞれの園独自の決まった流れで毎日の園生活が行なわれている園がほとんどです。実習園の生活がどのように流れているのか、朝の会・帰りの会・お弁当(給食)・主となる活動などの始まりの時間や順番を把握することがたいせつです。その流れを踏まえて指導案を作成することが基本です。もし、この流れを崩して指導案を作成してしまうと、子ど

もが混乱してしまう原因になります。

②子どもの活動・姿

それぞれの活動場面での子どもの様子を記録することで、子どもの実態を知ることができます。今、子どもがどのような遊びを好み、どのように遊んでいるのか、できることできないことは何かなど、指導案を作成する時に活動内容を考えるヒントになります。

③保育者の援助

保育者がどのような場面でどのような援助をしているかを理解することは、実際に自分が保育をする時の参考にすることができます。クラス全体への援助や個々の子どもへの援助、活動への導入の仕方やまとめ方など、指導案を作成する時に保育者として考えなくてはいけない援助のヒントになるでしょう。

(2) 園の方針, 指導計画の内容を確認すること

幼稚園・保育所には、それぞれ園の方針があり、教育課程・保育課程や期案・月案・週案などの指導計画もあります。実習生が行なう保育でもそれを踏まえることが必要です。なぜなら、子どもの生活は連続していて、毎日を積み上げていくものだからです。実習生が保育を担当するからといって、その連続性を無視して指導案を考えることは避けなければなりません。指導案を作成する時は、園の指導計画とズレてしまわないように、実習園の指導計画のなかでどういう時期にあり、何が行なわれるべきなのか、ねらいなどを確認することがたいせつです。

(3) 実際に指導案を作成する時のために, どういう主となる活動をしたいか, 活動内容を考えておくこと

指導案を作成する時に、一番難しいのは、主となる活動を考えることです。他の部分とはちがって、実習生自身が活動内容、環境、準備、活動の展開などすべて考えて書かなければいけないからです。実習が始まってしまうと時間が取れないことが多いので、事前にいろいろな遊び・活動を考え、教材研究をして準備をしておくとよいでしょう。絵本や手遊びはもちろん、製作や運動遊び、鬼ごっこ、ゲーム、表現活動など、年齢ごとの活動を、いくつものパターンで考えておきましょう。

主となる活動の場合、どうしても実習生主導で活動が展開することになります。子どもに「させる」活動ではなく、子どもが「楽しんでする」活動にすることをたいせつにしましょう。環境設定や導入などをくふうして、子どもが「やってみたい」「つくってみたい」と思えるようにすることがたいせつです。

3 指導案作成のポイント

指導案は、さまざまな形式があり、実習園によって使われているものがちがいます。本書では時系列で書く指導案の書き方について取り上げ、主となる活動の部分を中心に述べていきます。

(1) 実習では「活動内容」⇒「子どもの姿」⇒「ねらい」の流れで考える

本来、指導案は子どもの姿を踏まえ、そこから次に必要な経験は何か、また子どもにこうなってほしいという保育者の願いをねらいとしてたて、活動内容を考えていく流れになっています。ただ、実習の場合は、短期間で時間が限られていますし、子どもの姿をとらえる前に指

導案を作成しなければならない時もあります。その場合は，自分がしたいと思う活動内容を決め，それを視点に子どもの姿をとらえてみましょう。製作をしようと考えるなら，子どもの製作している様子をしっかり見て，自分が提案しようとしている活動が楽しんで取り組めるものなのか，子どもの発達に即しているのかを判断するとよいでしょう。また，事前の準備やつくり方をくふうすることで，子どもが楽しめる活動になる場合もあります。教材研究で子どもの発達に合わせていくことも必要です。子どもの姿がとらえられない場合，子どもを見る時間が少ない場合は，その活動をするクラスの担任に相談して活動内容を決めるのがよいでしょう。

　子どもの姿と照らし合わせて，この活動をすると決めたなら，その活動のなかで何を経験してほしいのか，何を楽しんでほしいのかを考え，ねらい・内容を設定し，次に具体的な活動の展開を考えていきます。この流れを文章化したものが指導案です。

(2) 指導案の書き方

　具体的な指導案例については，本書のそれぞれの遊び指導案を参照しましょう。ここでは，指導案を書く時のポイントを説明します。

①子どもの姿

　担当するクラスの子どもを見てとらえたことを具体的に書きます。その時に視点をもって子どもの様子をみるととらえやすいです。

○遊ぶ様子：どのような遊びに興味を持ち，どのようにだれと遊んでいるか。

○仲間関係：遊びや活動のなかでの友だち関係，グループ関係など，どのようなかかわりが見られるか。

○活動の様子：自分が考えている活動内容に関わる姿をみましょう。絵本の読み聞かせなら，絵本や紙芝居の時の姿，製作なら製作時の姿，鬼ごっこなら鬼ごっこをしている姿など，それぞれの活動で，子どもがどのように取り組んでいるのか。

②ねらい

　とらえた子どもの姿から，必要と考えられること，感じてほしいこと，育ってほしいことなどを書きます。全日の指導案では，子どもの姿をとらえた視点をもとにそれぞれねらいを立てますが，主となる活動での指導案では，主となる活動のねらいを考えましょう。「ねらい」の書き方は子どもの立場から，子どもが主語になるように書きます。指導案は子どもの立場で書いていくというのが基本です。

> 例)
> ・好きな遊びを見つけ，友だちと関わって遊ぶ楽しさを感じる。
> ・身近な材料を使ってつくったり，遊んだりする。
> ・ルールを理解し，身体を動かして遊ぶことを楽しむ。

③内容

　「ねらい」を達成するために，その日の活動のなかで子どもに経験してほしいことを具体的に書きます。

> 例)
> ・友だちとイメージを共有して砂場遊びを楽しむ。
> ・紙皿を使った楽器がどんな音がでるのか興味をもち，楽器づくりを楽しむ。
> ・しっぽとりのルールを理解し，しっぽを取ったり，取られないように逃げたりして楽しむ。

④時間

　活動ごとの区切りで，登園時間から朝の会，弁当（給食）など活動が始まる時間を記入します。とくに指導がない場合は，日誌に記入した同じ時間を書きます。

　主となる活動を行なう場合は，説明や導入，展開，まとめなど，流れの時間配分も考えて記

入しておくと目安となるでしょう。また，活動の時間が足りなかったり，余ったりする場合のことも考えておくことが必要です。

⑤環境構成・準備
【環境構成】
　保育室や園庭などの環境を遊び・活動ごとに書きます。
　自由な遊びの部分では，前日までの遊びの流れを踏まえて環境を設定することがたいせつです。
　クラス活動や主となる活動では，子どもの位置，実習生の位置，机や椅子を使う場合はその配置，事前に引くライン（白線），必要な材料や用具の位置など，わかりやすく図で示します。とくに活動の途中で，環境を変える場合は，（製作してから遊ぶなど）そのつど書いておくと，わかりやすいでしょう。
　また，遊び方やルール，製作する時のつくり方もこの欄にまとめて書いておきます。
【準備】
　活動に必要な材料や用具を書きます。材料や用具の個数や分量などを，予備も含め具体的に書きます。グループごとに配布したり，使ったりする場合，どのような入れ物に，どのように準備しておくかも書いておくとよいでしょう。
　また，活動で行なう手遊びや絵本，紙芝居などの題名・作者なども書いておきましょう。

⑥予想される子どもの活動および姿
　子どもたちがどのように動くのかを活動ごとに区切って書きます。「○思い思いの遊びをする」「○手づくりタンバリンを製作する」というように何をするのかタイトルを書きましょう。その活動ごとに，その時に予想される子どもの姿を書きます。それまでにとらえた子どもの姿をもとに考えていきましょう。子どもにこうしてほしいという期待が大きく，自分の都合のよい姿だけを想定してしまいがちですが，自分の思いとは逆になるような状況も予想しておきましょう。いろいろな子どもの姿を予想することで，その対応も考えておくことができます。

　自由に遊ぶ場面では，前日までにどのような遊びが行なわれていたかを踏まえて環境を設定し，どのような援助が必要かを結び付けて考えていく必要があります。

　主となる活動では，活動の流れに添って，導入の時は「・実習生がつくったタンバリンに興味をもち，つくってみたいと言う。」というような，また，つくる時には「自分のイメージをもって紙皿に色を塗る。」「・穴にゴムを通せない子がいる。」というように，それぞれ場面ごとに予想される子どもの姿を考え書いてきます。そうすることで，その時に必要な援助を考えておくことができます。

　「○」＝子どもの活動，「・」＝予想される子どもの姿というように，印を分けるとよいでしょう。

⑦実習生の援助・指導上の留意点
　子どもの活動に対応して，その時に実習生がどのように動くかをすべて書きます。⑥で説明した「予想される子どもの活動および姿」欄の子どもの活動一つひとつに対応させて，実習生はどのように動くかを書くことになります。

　たとえば，子どもがかたづけをする時は，⑥の欄には「○かたづけをする」と書き，その時に実習生がどう動くかをこの欄に具体的に書きます。その場合，「子どもといっしょにかたづける」というように，たんに「……する」と動きだけを書くのではなく，「どのようにかたづけていけばよいのかを示し，子どものモデルになるようにする。」というように，どういう思

いで動くのか，その動きの意図を書くようにするとよいでしょう。

　とくに主となる活動の部分では，活動の流れや予想される子どもの姿に沿って細かく書いていきましょう。活動の導入部分はどのようにするのか，何かを見せたり視覚的なものを使うのか，話をするならどういう話にするのか，子どもが興味をもつようにするためにどうするのかを書きましょう。

　ルールや遊び方，つくり方の説明についても，どのようにするのかを具体的に書きます。「わかりやすく説明する」と書くことが多いですが，この場合わかりやすくするためには，どのようにしたらよいのかを考えて書きましょう。見本を示すのか，実際に動きながら（つくりながら）確認するのかなど具体的に書きます。

　また，「予想される子どもの姿」の欄で書いた内容に対応させて，援助も考えて書きます。「・自分のイメージをもって紙皿に色を塗る」と子どもの姿を予想するなら，そういう子どもに対して「・個々の子どものイメージを認める言葉かけをする」というように，また「・穴にゴムを通せない子がいる」と予想するなら，「・すべて手伝うのではなく，できるだけ自分でしたと思えるように，手を添えて押さえるだけにする」というような援助のしかたを考えて書きます。

　そして，活動の終わり方についても考えましょう。子どもが取り組んだ姿やいっしょに楽しんでくれた姿を認め，次の活動につながるようにしましょう。

【くにぷー】

責任実習指導案の書き方のポイント

①子どもの姿	担当する子どもを見てとらえたことを具体的に書く。遊ぶ様子，仲間関係，設定活動に関わる様子などの視点でとらえる。	②ねらい	子どもの姿から必要と考えられること，感じてほしいこと，育ってほしいことをねらいにする。
		③内容	活動のなかで子どもに経験してほしいことを具体的に書く。

④時間	⑤環境構成	⑥予想される子どもの活動および姿	⑦実習生の援助・指導上の留意点
実習日誌に記録した時間を基に活動の区切りで書く。	**環境構成** 保育室や園庭などの環境を遊び，活動ごとに書く。 子どもの位置，実習生の位置，机などの配置，ライン（白線），材料や用具の位置などを図で示す。 保育室 ［実］ □ □ □ □ □ ［準備］ 活動に必要な材料や用具を書く。個数や分量など，どのように準備しておくかも書く。 歌，手遊び，絵本などの題名も書いておく。 ・紙皿 50枚（1人2枚） ＊中央に5cm間隔で穴を2つ開けておく。 ・ビーズ6箱＊折り紙でつくった箱にビーズを入れ，机に1つずつ配る。 ・ヘアゴム（20cm×25本） ［つくり方・遊び方］（ルール） ①ヘアゴムを紙皿の穴にとおして結ぶ。 ②ストローを短く切る。 ③紙皿にビーズ・ストローをのせ，もう1枚の紙皿を合わせ，ビニールテープで止める。 ④…… ⑦完成 順番にプロセスを具体的に書く。（イラスト入りがよりわかりやすい）	活動ごとに区切って，何をするのかタイトルを書く。その活動ごとに子どもの姿を予想して書く。 ○自分の席に座る。 ・なかなか座らない子どもがいる。 ○「手づくりタンバリン」の製作をする。 ○歌を歌う。 ○実習生の話を聞く。 ○実習生がつくったタンバリンに興味をもち，つくってみたいなどと言う。 ○グループごとにはさみ・のり・粘土箱のふたを準備し，配られた材料を粘土箱のふたに入れる。 ・材料の数などを確認し合う。 「○」＝子どもの活動，「・」＝子どもの姿というように，印を分けると，わかりやすい。 ○つくり方の説明を聞く。 ・使う材料を手にもって確認する。 ○タンバリンをつくる。 ・穴にゴムを通せない子がいる。 ・ストローを切る時，あちこちに飛ばしてしまう。 ・ビーズ，ストローの分量が少なすぎたり，多すぎたりする。 ・ビニールテープを止められない。 ・説明を聞きながら，どんどん自分で進められる子とそうでない子がいる。 ・子ども同志協力したり，手伝ってあげたりする。 「予想される子どもの姿は，つくり方（遊び方）①〜⑦の流れに沿って考えて書く。 活動をどのように終わらせるかを考えて描く。 ・自分で作ったタンバリンを使って演奏した感想を言う。	「予想される子どもの活動および姿」欄に書いた活動・姿に対応させて，実習生がどのように動くかを書く。 ・次に何の活動をするかを話し，待っていることを伝える。 ・はじめに歌を歌うことを伝え，前奏を弾き始める。 ・歌を歌うことや楽器を使って歌う楽しさを共感し合い，タンバリン製作に興味をもてるようにする。 ・完成品を見せ，音を鳴らして子どもが具体的なイメージをもてるようにする。 子どもの興味を惹くような導入を考える。 ・必要な物は何かを確認し，グループごとに取りに行くように伝える。用意ができたグループに材料を配布する。 ・各材料の数を確認し，自分の分がわかるように粘土箱のふたに入れておくように伝える。 どのように説明するかを具体的に書く。 ・使う材料を確認しながら，手順を実際に示しながら説明する。 ・一通り説明してから，工程を区切りながらつくっていくことを伝える。 ・すべて手伝うのではなく，助言をしたり手を添えたりして，自分でしたと思えるようにする。 ・ストローを下に向け，ハサミをゆっくり動かすとよいことを，切る時に説明する。 ・入れる分量の目安を子どもたちに示し，どのくらい入れるとよいかを考えられるようにする。 ・ビニールテープを切る長さはあまり長すぎないこと，両サイドを止めてからまわり全体に貼っていくことを説明する。 ・うまく合わせられない子どもは，テープの片方をもってもらうなど，子どもどうしで助け合えるように言葉をかける。 ・子どもの様子を見て，できたかを確認して次に進める。 予想される子どもの姿に沿って，一つひとつどのように援助するのかを書いていく。説明のポイントにもなる。 ・子どもの発言を受けとめ，共感する。

第 3 章

新しい記録 楽しい記録 「保育マップ」の活用

　「記録はたいへん」,「指導計画の立案は難しい」……本当にそうでしょうか？

　子どもが大好き,子どもと関わる仕事がしたい,子どもの成長する姿をみたい,そう思って保育者を志している学生さんたちですから,「子どもの姿を明確にするため」に書く記録は,本当は「楽しい」ものであるはずです。

　子どもの遊ぶ様子,友だちや先生,モノや自然などの環境とのかかわりから,子どもが何を感じ,どのように育っていくのか,そういう子どものいきいきとした姿を映し出す記録,描いていてワクワクしてくるような記録,そんな魔法の記録が「保育マップ」です。

　「保育マップ」をみたら,「描いてみたい!」と必ず思うはずです。「この園に行なって,実際に子どもの様子を見てみたい」とも思うはずです。

　さあ,そんな魔法の記録「保育マップ」の描き方を,ぜひマスターしてください。

1　記録としての保育マップの特色

保育マップとは，幼稚園や保育所などの園の環境図のなかに，その時どきに変化する実際の保育のあり様（子どもの活動や遊びの実態，保育者の環境構成のくふうや配慮，自然環境の移りゆく様など）について，簡略的なイラストや記号，吹き出しのコメントなどを用いてまとめた地図型の保育記録です。

まず，図1の保育マップをざっとながめてみてください。園の建物や樹木や遊具の配置図のなかに，子どもたちの遊ぶ姿が簡略化されたイラストで描かれていて，たくさんのコメントがついています。一つひとつを見ていくと，子どもたちが園内のいたるところでさまざまな遊びを展開していることがわかるでしょう。

保育マップの第一の特色は，このように，どのような園なのか，ぱっと見ただけでその園全体の様子が鳥瞰的に把握できると同時に，子どもたちの遊びの全体像が視覚的に生き生きと，そして楽しく伝わってくるところです。これは，文章や静的な環境図だけの記録ではなかなか伝わりにくいところです。写真やビデオを用いた記録には，イラスト以上のライブ感がありますが，フレームのなかにおさまるのは園の環境や遊びの様子を切り取った一部のみになってしまいます。園内のあらゆる環境を利用して子どもたちが思い思いに遊ぶ姿を鳥瞰的にとらえたり，子どもと遊具や場とのかかわり，子どもどうしのかかわりなどを全体的にとらえられる点は，保育マップの大きな魅力です。

ただし，実際にこのような保育マップを描くためには，園内のあらゆるところで何が起こっているかを詳細に観察して回らなければりません。記録するにも相当な手間と時間がかかります。保育にあたりながら，保育者がこのような記録を毎日描くことは不可能でしょう。したがって，保育に携わりながら保育マップを描く場合には，日々の記録というより，あるまとまった期間（週，月，期，年度の単位）のなかで印象だった遊びや長く続いた遊び，盛り上がった遊びなどをふりかえり，ぜひ記録に残しておきたいと保育者がとらえた遊びの様子を1枚のマップに貼り合わせるように描く，というのが現実的です。

保育マップのもう一つの短所は，時間の流れが表現しにくいという点です。一定の場所で一つの遊びがどのように生まれ展開していったかというような時間軸に沿った遊びの流れをとらえるには，別の記録方法が適しています。

2　保育マップを見比べてみよう

図2と図3の時期の異なる2枚の保育マップを見比べてみましょう。どのようなことが読み取れるでしょうか。まず，子どもたちの遊びの変化や発展に気づくはずです。流行りの遊びがちがっていたり，季節に応じて何か新しいことを始めたりしています。園庭では，トランポリンや自転車の人気は持続していて，新たにスイングスキップなど新しい遊びが出てきています。室内では，ちらほらと「ももたろう」や「たけのこ抜き」の遊びが出ていたのが，「シンデレラ」「うさぎとかめ」などの劇遊びに発展しています。プール池や花などの自然環境の変化によって遊びが変化している様子もみられます。このように，保育マップをあるまとまった期間ごとに描き続けていくと，長期的・中期的な遊びの変化や発展について表現することができます。

また，コメントを読んでみると「これを置いたらこんな遊びになっていくかな」といった願いをこめた遊具の配置など，その時々に応じて保育者が遊び・活動が発展するように環境を構成している様子も伝わってきます。遊びのなかでの安全面への配慮や衛生面への配慮についてもコメントされています。このように，保育マップを描く際には，ただ子どもがどこで何をして遊んでいるかだけでなく，保育者の願いや配慮，環境構成の工夫，子どもの活動の予想などもコメントしていくと，よりいっそう有用な保育の記録となっていくでしょう。

3　保育マップを描いてみよう

　保育マップを描くことでどのような力が育つのでしょうか。庄籠[1]は，保育者が保育マップを描くことでつく力として，①子どもの動きや表情を見る力，遊びを見る力，観察眼，②自分なりの表現の工夫，表現力，③マクロとミクロ，両方の視点の獲得，④レイアウト力，⑤保育にとって大切なこと（何を描き，何を描かないか）を見極め，識別する力，の5つを挙げています。

　実習生として保育マップを描くには，まず実習園の環境をよく見て理解することが大切です。多くの保育者養成校の実習日誌には，園の環境図を描くページが用意されています。園のパンフレットを参考にしたり，実際に見て回ったりして，実習のできるだけ早い段階で環境図を描いておきましょう。環境図を保育マップ用に，建物の枠や遊具，樹木などを太字にして拡大コピーしておくと大変便利です。

　実習中は通常，登園から降園までの1日の様子を時系列的に毎日記録しますが，実習中の休日や実習直後に保育マップが描けるように，園環境という空間的な目線からも子どもの活動・遊びや保育者の配慮を観察するよう心がけましょう。「子どもが園内のどこでどのように（どのような表情でどのように動いて）遊んでいたか」という遊びの観察メモをとったり，その場での保育者の視点，環境構成や援助の工夫について気づいたことをメモしておくとよいでしょう。

　いざ保育マップを描こうとすると，イラストが苦手な人には難しいと思えるかもしれません。子どもの姿は，顔や身体は○，手足は棒の「棒人間」でよいのです。イラストで表現しにくいところはコメントで補って自分なりに子どもの生き生きと遊ぶ姿が表現されるように工夫しましょう。保育マップは楽しみながら描けば描くほど，自然に表現力がついてくるものです。

　また，実習生の場合，すべてのクラスの遊びをていねいに観ていくことは困難かもしれません。そのような場合は，おもに関わったクラスの保育室と園庭に限定した保育マップを作成してみましょう。

4　保育マップを見せ合おう

　保育マップが描けたら，実習生同士でお互いの保育マップを見せ合いましょう。人によって視点が異なるため，たとえ同じ園であっても，まったく違うマップになっているはずです。どのような遊びに目を向け，どのようなまなざしでその遊びを見つめていたのか，その人らしさやその人の保育観や子ども観，遊び観が保育マップには表われます。自分の保育マップと比べて，自分には見えていなかったところが他者の視点から気づかされることも多いでしょう。

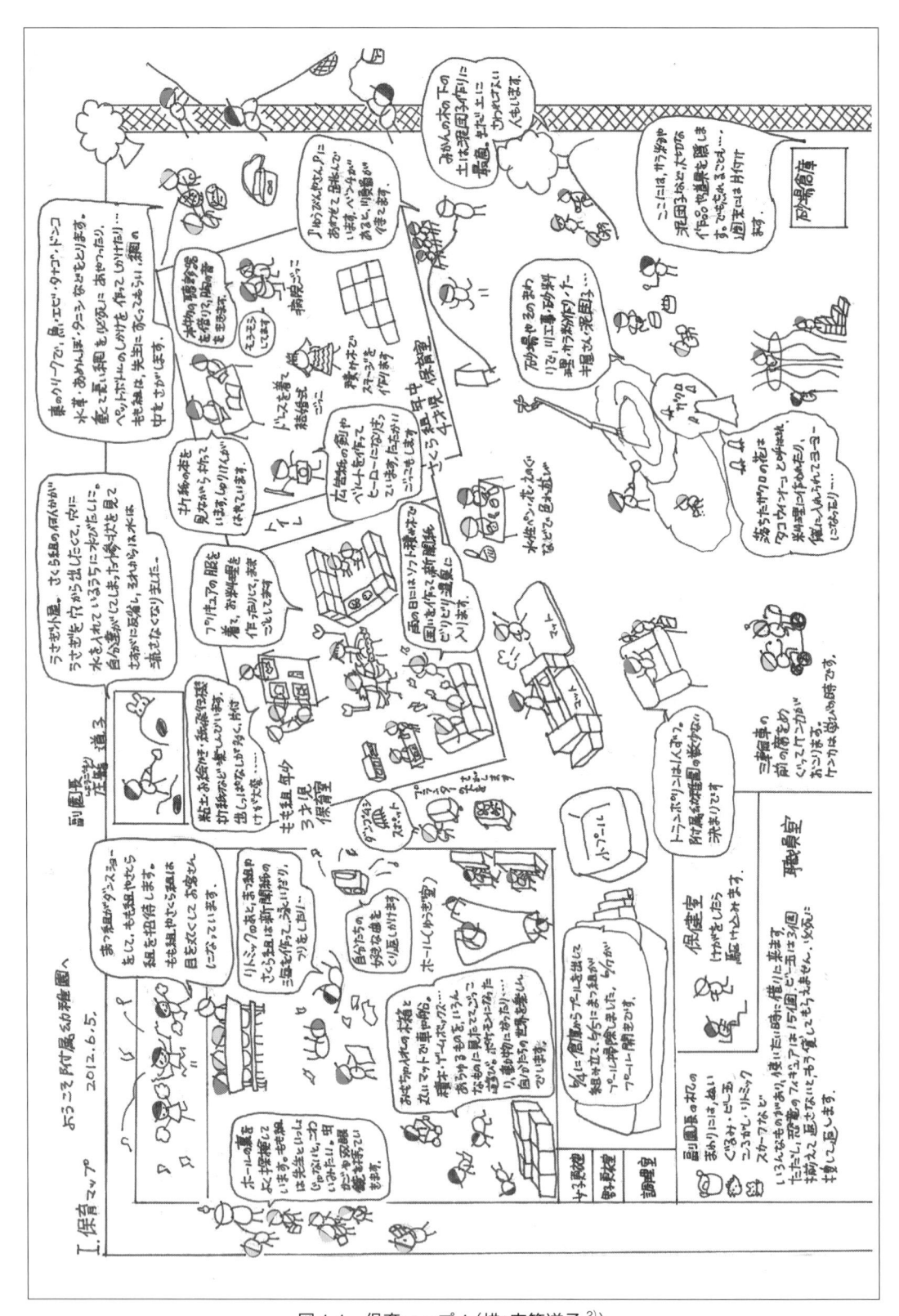

図1-1　保育マップ1（描：庄籠道子[2]）

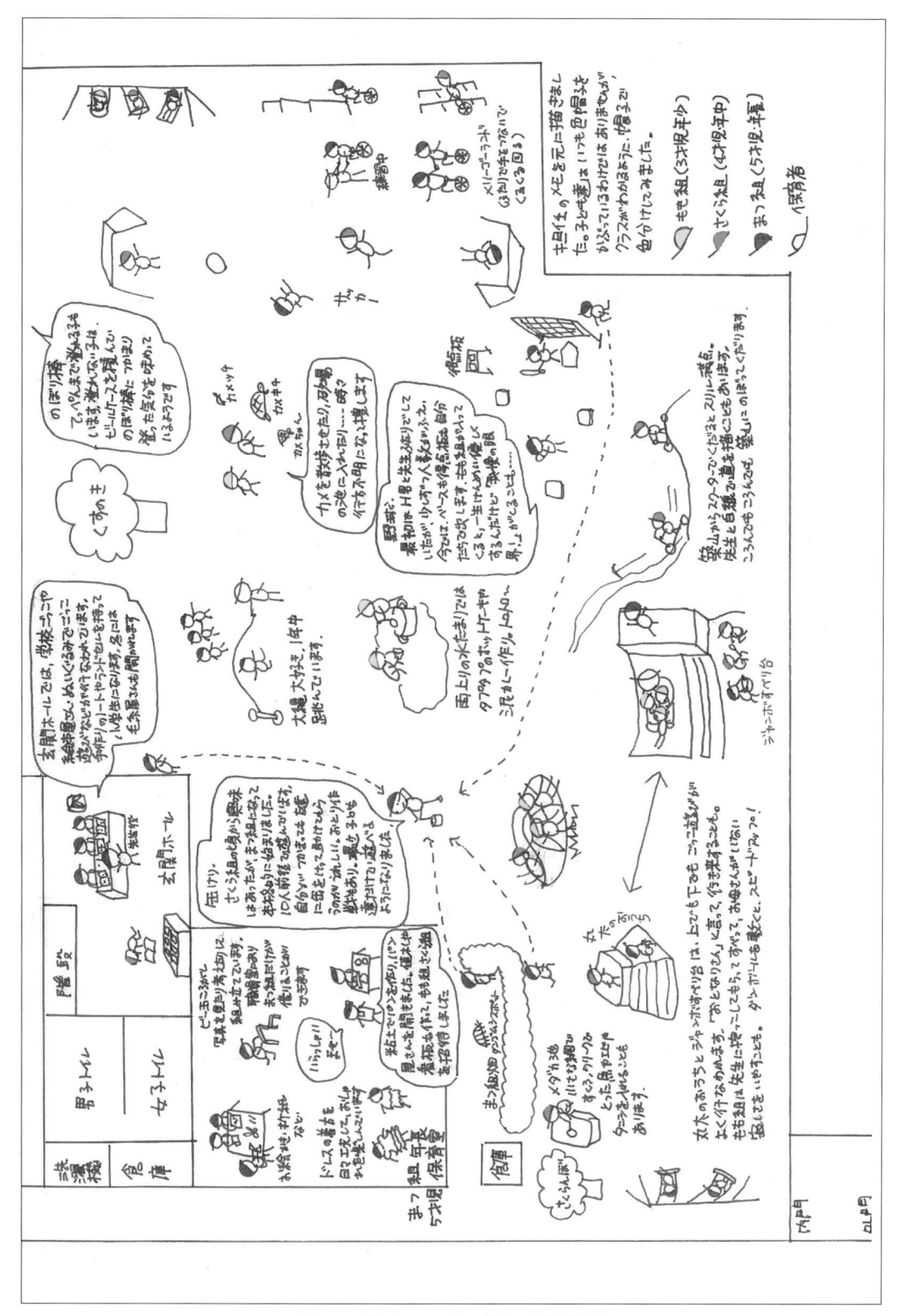

第3章◎新しい記録 楽しい記録「保育マップ」の活用

図1-2 保育マップ1（描：庄籠道子）

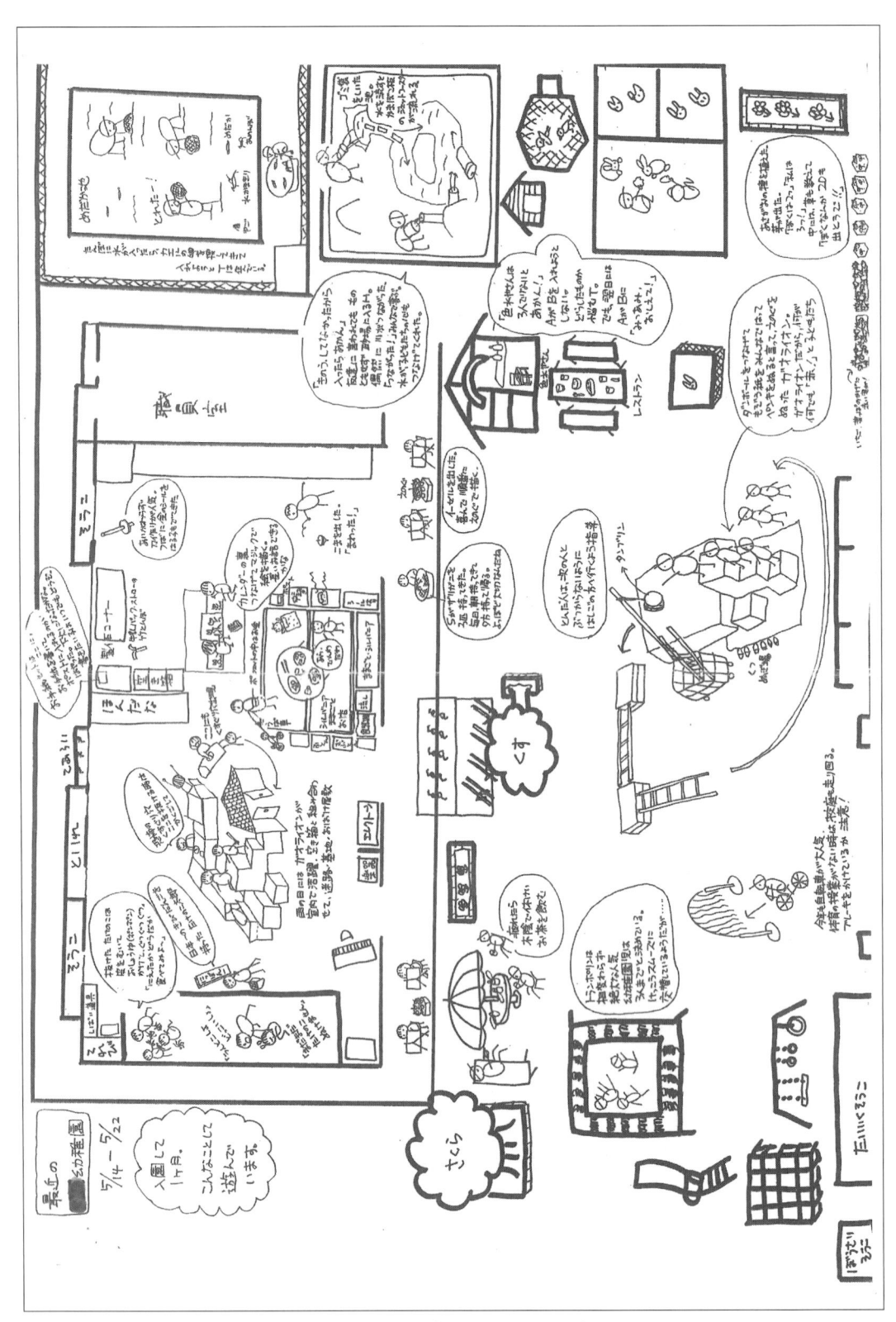

図2　保育マップ2（描：庄籠道子）

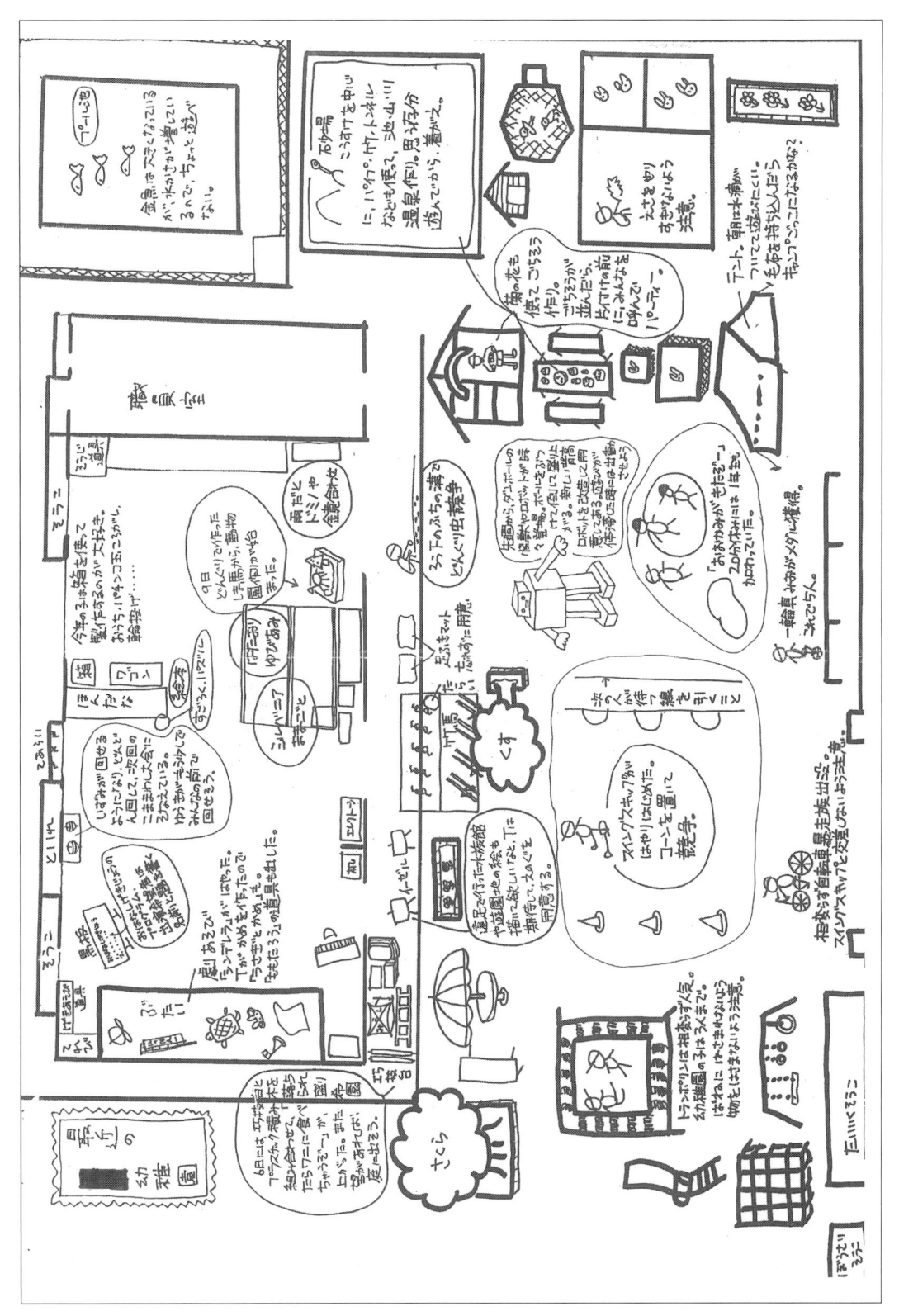

図3 保育マップ3（描：庄籠道子）

また，他園の保育マップを見て，さまざまな園環境や環境構成の工夫があることを知り，保育環境のあり方について新しいヒントを得ることができるかもしれません。

筆者の勤務校では，実習日誌の記録のひとつとして保育マップを描くよう指導しています。実習生の保育マップを見ていると，実にさまざまな園環境のバリエーションがあることに気づかされます。同時に，一つひとつの保育マップからは，その人の遊びを観察する力や子どもへのまなざしの向け方がよく伝わってきます。豊かに描かれた保育マップには，徹底的に子どもの遊びを見つめようとしたその人の豊かな実習体験がそのまま表われているように感じます。

5　保育マップの活かし方

現職保育者の描いた保育マップを教材として，見たり，見比べたり，自分で保育マップを描いたり，友だちと見せ合ったりすることのねらいを挙げます。
○園全体の配置やつながりに注目し，さまざまなスペース・場ごとの特色があることに気づく。
○園環境のあり方や環境構成の工夫によって，子どもの活動が園内のいたるところで誘発される可能性に気づく。
○一つひとつの場面の子どもの活動の実態と，保育者のねらいや環境構成の工夫・配慮との呼応しあう関係に気づく（環境による保育のミクロな視点）。
○狭く，近視眼的になりがちな視野を拡げ，保育の営みを鳥瞰的に把握する視点を得る（環境による保育のマクロな視点）。

保育者として，ある一定のスパンで保育マップを描き重ねていくことで，前の週・月・期・年度の保育マップを次の週・月・期・年度に向けた指導計画の参考資料として活用することができるでしょう。また，保育者の園内研修や保育者同士の研究会などで，保育マップを描いたり，見合ったりしてみるのも効果的だと思われます。保育マップは「わかりやすい」「見ていて楽しい」という最大の特徴がありますので，保護者や園への訪問者に日常の保育の様子を紹介するために配布するのもおすすめです。

最後に，保育マップは考案されたばかりの新しい記録です。例えば，子どもたちと一緒に1枚の大きな保育マップ（遊びマップ）を描いてみるなど，これから他にも新しい活用方法が生まれることが大いに期待されます。

【キューティ深海魚】

---

1) 庄籠道子　2009　「保育マップ」の今までとこれから　平成20年度佐賀大学文化教育学部附属幼稚園　研究紀要第11集　「幼児期の学びを拓く保育の創造」～遊びや友達の中で育む　かかわる力と自己肯定感～
2) 庄籠氏は保育マップの考案者である。氏の勤務する佐賀大学文化教育学部附属幼稚園では，近年，研究会用の記録として保育マップへの取り組みを熱心に続けている。

コラム 11

子どもが主体的に活動できるには，どのような環境構成がよいでしょうか。

　子どもが主体的になれる活動，それは子どもが「わあ，おもしろそう」，「これ，何だろう？」，と興味がもてるような活動，そして「やってみたい」と自分から意欲をもって取り組めるような活動ですね。そのためには，そこに身をおいた瞬間から，わくわくどきどきするような環境を整えたいものです。

　よく「環境が誘う」と言いますが，魅力的な環境は「おいで，おいで，いっしょに遊ぼうよ」と，まるで子どもに語りかけてくるように構成されていて，保育者が誘わなくても，子どもはみずから動きだし，環境と関わり，遊び始めます。

　まだ入園したばかりの子どもたちを想像してみましょう。園生活のすごし方さえわからない子どもたち。園庭の遊具や保育室のおもちゃも，ただそこにあるだけでは，それで遊んでよいのかどうかもわかりません。それらの使い方もわからないこともあるでしょう。そのような子どもたちが，自ら環境に関わって遊んでみようと思えるためには，「使ってよい」ということや使い方がはっきりわかることが必要ですね。

　保育室内では，お家でも使ったことのあるようなクレヨンや画用紙など，なじみ深いお絵描きの道具を，すぐ手にとれるように机の上に並べておけば，そこが「お絵描きをしてもよい場所」だとわかります。おままごとの道具も棚に片づけておくのではなく，「遊びかけ」の状態にしておくことで，「ここはおままごとをして遊ぶ場所」だとわかります。

　また砂場のスコップやバケツなども，すぐに自分で取り出したりかたづけたりできるようにおいておけば，それを手に取ることができるでしょう。友だちとスコップなどを分け合って遊ぶことができるようになるには発達を待たねばなりません。まずは子どもが自由に思う存分使って遊べるよう，同じスコップやバケツを複数用意しておくことも大切です。友だちと同じものをつかって遊ぶことで，いっしょに遊ぶ楽しさを感じることができるでしょう。

　子どもの主体性を引き出す環境づくりには，子どもの動き（動線）や活動の内容を考えた場づくりも大切です。絵本を読んだりお絵描きをしたりおままごとをしたりといった，比較的静かに落ち着いた遊びをしているすぐそばで，走り回るような遊びの場をつくってしまうと，どちらも集中して遊ぶことができませんね。また，隠れ家的な場所あるいは秘密基地のような場合は，階段下や奥まったところにつくりたいと思うこともあるでしょうが，他の遊びが視野に入る，友だちの遊ぶ声が聞こえるようなところに遊びの場をつくるといったことで，遊びと遊びが刺激し合い，子どもたちからどんどんアイデアが出て遊びが発展していくこともあります。

　実習では，保育者が構成する環境をよく見て，「なぜそこに置いているのか」，「なぜそのように見せるのか」などを考えてみましょう。それが子どもの目にどのように見えるのかと考えてみることも大切ですね。

　今子どもが何に興味をもっているのかという，子どもの興味・関心に沿った環境をつくることが大切であると同時に，子どもにどのように育ってほしいか，何に興味をもってほしいか，どのような経験をしてほしいのかという保育者側のねらいをしっかりもち，そのねらいに沿った環境をつくる必要もあります。そして，活動そのものの魅力は何か，その活動を通して何が経験できるのかということもよく考え，活動のおもしろさ，楽しさが最大限引き出せる環境を考えてみましょう。

　子どもにとっての環境は，モノや場所だけでなく，時間，人（保育者や友だち）も含まれることを考慮して，子どもがそれらの環境とどう関わるかということを常に考えましょう。

【Hiro】

●編者紹介●

岡本拡子（おかもと　ひろこ）

1962年　大阪府生まれ
大阪教育大学大学院教育学研究科修士課程音楽教育専攻修了
聖和大学大学院教育学研究科博士後期課程幼児教育専攻満期修了
同大学より博士（教育学）学位を取得
聖和大学助手，美作大学短期大学部講師，高崎健康福祉大学短期大学部助教授・教授を経て，
現在：高崎健康福祉大学人間発達学部子ども教育学科教授

　大学在学中より「歌のお姉さん」として幼稚園・小学校や全国親子劇場などでコンサートに出演。その後，子育てをしながら大学院で幼児教育を学ぶ。現在は，保育者養成に携わりながら，子どもの歌の作詞・作曲を手がけたり，保育現場や地域子育て支援センターなどで子どもや親子を対象としたコンサート活動を行なう。また，保育者研修の講師や保育・子育てに関する講演を行なうなど活動の場は広く，多くの現場関係者に支持されている。

　主な著書は，「実習に役立つ表現遊び」（編著，北大路書房），「実習に役立つ表現遊び2」（編著，北大路書房）「保育ライブラリ『保育内容表現』」（共著，北大路書房），「幼児教育課程論入門」（共著，建帛社），「幼い子どもを犯罪から守る！命をつなぐ防犯教育」（共編著，北大路書房），「生成を原理とする21世紀音楽カリキュラム」（共著，東京書籍），「エマージェンス人間科学」（共編著，北大路書房），「保育園は子どもの宇宙だ！」（編著，北大路書房）など。

●執筆者一覧 （五十音順，＊は編著者）

今井　邦枝　ニックネーム★くにぷー
高崎健康福祉大学人間発達学部子ども教育学科
第1部第3章4〜6，第5章6，第2部第2章，コラム5，6
e-mail：kimai@takasaki-u.ac.jp
メッセージ：星の王子さまも言ってます。大切なものは目に見えないんだよ！
たくさんのことを見たり，聞いたり，経験して，心で感じる力を育てましょう。

＊岡本　拡子　ニックネーム★Hiro
高崎健康福祉大学人間発達学部子ども教育学科
各章リード文，第1部第1章2，3，第5章2，4，第2部第1章，コラム11
e-mail：okamoto@takasaki-u.ac.jp
メッセージ：子どもの頃に出会った幼稚園や保育園の先生に憧れて保育者を志望する学生さんも多いのでは？子どもの心にずっと残る「憧れの先生」になるためには，保育の知識や技術を磨くだけでなく，いろんなことに興味をもってチャレンジして，人間的な魅力も磨いて下さいね。

香月　欣浩　ニックネーム★青空ムッシュ
四條畷学園短期大学
第1部第2章1〜6，第5章3，コラム3，本文中イラスト
e-mail：katsuki@jc.shijonawate-gakuen.ac.jp
メッセージ：若さは宝です！若さの持つ体力や集中力，旺盛な好奇心，鋭い感性，記憶力，スポンジのような吸収力。その素晴らしい宝物を使って，できるだけ多くのことを学び，人と出会い，たくさんの経験を積んで下さい。きっと楽しい人生が待っています。

新開　よしみ　ニックネーム★キューティ深海魚
東京家政学院大学現代生活学部児童学科
第1部第4章1，2，第5章7，第2部第3章，コラム7，9
e-mail：yshinkai@kasei-gakuin.ac.jp
メッセージ：身も心も軽やかに，しなやかに。そして，あなたの「遊び心」を常に磨いて生き生きと働かせましょう。いくつになってもわくわく楽しいことやどきどき不思議なことを子どもと一緒に見つけられる名人になってください。

山西　加織　ニックネーム★ヤンヤン
高崎健康福祉大学人間発達学部子ども教育学科
第1部第4章3〜6，第5章8，コラム8
e-mail：yamanishi@takasaki-u.ac.jp
メッセージ：心も身体も解き放ちのびのびと遊ぶ経験をいつの時代でも大切にしたいですね。子どもたちの「やってみたい！」を引き出し，「楽しい！」「嬉しい！」「気持ちいい！」…を子どもたちとともに広げていく保育者になってくださいね。

吉永　早苗　ニックネーム★tama
岡山県立大学保健福祉学部保健福祉学科
第1部第1章1，4，第5章1，コラム1，10
e-mail：yoshinaga@fhw.oka-pu.ac.jp
メッセージ：公園を流れる小川の畔で，幼い息子が嬉々として「あっちとこっちとで，音が違うよ！」と。ハッとしました。常識に埋もれていた音との新たな出会い。『幼子の耳』は，感性の忘れ物をきっと見つけてくれますよ。

和田　美香　ニックネーム★早足うさぎ
東京家政学院大学現代生活学部児童学科
第1部第1章5，6，第3章1～3，第5章5，コラム2，4
e-mail：mwada@kasei-gakuin.ac.jp
メッセージ：音楽遊びや造形遊びを，あなた自身がまず楽しんでみてください。一緒にいる保育者が楽しんでいるとその雰囲気が伝わり，子ども達も自然と楽しい気持ちで活動できると思います。まずは笑顔で！応援しています。

音楽・造形・言葉・身体　保育表現技術領域別
感性をひらく表現遊び
―実習に役立つ活動例と指導案―

2013年2月10日　初版第1刷発行
2018年2月20日　初版第2刷発行

定価はカバーに表示してあります。

編著者　岡本拡子
発行所　北大路書房

〒603-8303　京都市北区紫野十二坊町12-8
電　話　（075）431-0361（代）
ＦＡＸ　（075）431-9393
振　替　010050-4-2083

© 2013　制作　見聞社　印刷・製本　（株）太洋社
日本音楽著作権協会（出）許諾第1216587-702号
検印省略　乱丁・落丁はお取り替えいたします。
ISBN978-4-7628-2791-4　　printed in Japan

・ JCOPY 〈(社)出版者著作権管理機構 委託出版物〉
本書の無断複写は著作権法上での例外を除き禁じられています。
複写される場合は，そのつど事前に，(社)出版者著作権管理機構
（電話 03-3513-6969,FAX 03-3513-6979,e-mail: info@jcopy.or.jp）
の許諾を得てください。